大展好書　好書大展
品嘗好書　冠群可期

大展好書　好書大展

品嘗好書　冠群可期

形意八卦拳

（附光碟）

賈保壽／著

武大偉／整理

大展出版社有限公司

序

　　我雖然出生在榆次，但一生中最重要的青少年時期卻是在介休度過的。我從小體弱多病，又喜靜好學，從本質上來說應該歸為文人一類才對。但不知什麼緣故，一直就非常敬佩和仰慕那些古典武俠小說中描寫的行俠仗義的英雄好漢，一門心思要學武術。

　　從初中開始，先是自己找了一張《青年拳》掛圖，在家偷偷模仿練習，隨後又跟在練太極拳的介休中學李校長後面比比劃劃，同時又聽說有同學在練形意拳，就糾纏著向人家學習。最後終於在不滿20歲的時候，透過楊泉禮同學的介紹，正式遞帖拜師學習形意拳，師父就是我仰慕已久、當時在介休城內無人不知無人不曉的形意拳師——梁啟政。

　　20世紀70年代，在介休武術圈內名聲叫得比較響的，除了練形意的保金（梁啟政）師父和米貴（李德勝）師父老哥倆、練綿掌的權汝桃師父以外，還有一位就是既練形意又練長拳的介休張蘭中學體育教師賈保壽。據說賈老師曾經被選為隨周總理出國訪問的武術團成員，由此可見其武術造詣非同一般。那時我們都以能見到賈老師練拳為榮。

　　由於當時梁啟政恩師已年逾古稀，所以我們一幫師兄弟更多的是在大師兄二友（王光奎）那裡習武，二友

師兄自己常常去向賈老師請教，然後再把學到的東西傳授給我們，這當然是因為梁師父和賈老師的關係很好的緣故。對此，我們這些年齡較小的毛頭小子們羨慕不已，有時也只能在過年過節的時候去體育場觀摩一下賈老師組織的武術表演和比賽，過過眼癮，而沒有直接向賈老師學習的機會。

在 20 世紀八九十年代，我曾多次代表榆次參加晉中市、山西省以及全國的各類武術比賽，也就有了幾次和賈老師接觸的機會。因為我們倆的工作單位分別為榆次和介休的教師進修校，這樣我們之間的關係又親近了許多。進入 21 世紀以後，我在回介休辦事的過程中，由楊子江、郝思元等師兄弟引見，又和賈老師有過幾次深入交往。雖然此時的賈老師已經是年逾古稀的老人了，但練起拳來仍然動靜相間、起落有序、縱跳自如、虎虎生風，絲毫不減當年之勇，我深深地被賈老師深厚的武術功底和高超的形意拳藝所折服，並被賈老師豪爽、開朗、優雅、風趣的性格所感染。遺憾的是，許多在介休常年堅持練拳的師兄弟在恩師梁啟政去世以後，尊師命先後轉投在賈老師門下，而我則因為遠在榆次，加之其他各種原因，無法享此殊榮。

當得知賈老師的著作《形意八卦拳》即將出版，需要我提供技術支援時，我毫不猶豫地與賈老師以及書稿整理者配合，往返於榆次和介休兩地，修訂《形意八卦拳》書稿。

太極、形意、八卦，號稱內家三拳。在歷史上，這

三家關係相處得一直比較融洽。尤其是形意拳和八卦掌兩家，似乎走得更近一些。據傳當年董海川和郭雲深兩位大師曾經比武較技，苦戰三日，不分勝負。於是，二人在一起共同研究數月，最終得出的結論是：形意拳、八卦掌二者雖然名稱相異，但理法相同，完全可以相輔相成。習練形意拳者以八卦掌做調劑，自無偏剛偏進之弊；習八卦掌者，以形意拳做輔佐，則剛柔相濟，有攻堅克銳之能。後來李存義來山西避難，和宋鐵麟朝夕相處，相互交流，互換拳藝，從而使得「形意八卦拳」在宋氏形意拳中代代傳承。

宋氏形意拳是整個形意拳體系中的一個非常有特色的派系，由宋世榮精研並傳世的《內功四經》被視為經典，以其文句絕妙、技義深奧、義理精闢、拳理精絕而為各派形意拳家所尊崇。宋氏獨門絕械「麟角刀」，形似麒麟之角，雙尖雙刃，能刺能砍，易攻難防，用法多變，是中國各派武術均未見之稀有兵器，現已傳世甚少。還有我們從小就只聞其名、未見其面的「盤根」，也是宋門傳人將八卦掌元素引入形意拳後所形成的獨特練法，在形意拳大家族中可謂絕無僅有、獨具特色。

賈保壽老師是宋氏形意拳的正宗傳人。賈老師師承趙永昌先生，而趙先生是宋氏形意拳的代表人物宋鐵麟老師的得意門徒。因此，賈老師這次出版的這本《形意八卦拳》，是賈老師對宋氏形意拳的繼承、總結和提高，是形意拳和八卦掌完美結合的成果，是宋氏形意拳對中華武術的獨特貢獻，是「天下武術是一家」的真實

寫照，也是中華文化中「和為貴」核心理念的發揚和光大。

《形意八卦拳》的內容不僅有詳細的文字說明，更配有清晰明確的動作圖解，非常便於自學。除了介紹形意八卦拳的具體習練流程外，還展示了諸多武術大師的精闢拳論，有些甚至是首次公開的珍貴資料，這些都是武學愛好者們夢寐以求的。對此，讀者萬萬不可掉以輕心，隨意對待。

田茂

田茂，1955 年生，山西晉中人，形意拳維字輩傳人（李洛能──李太和──劉玉山、李振邦──梁啟政──田茂），兼習太極拳和公議拳。

自 序

　　形意八卦拳，不是新的拳種，也不是什麼門派，是形意門習練八卦掌的傳統叫法，八卦門學形意被稱為「八卦形意」，互相兼修的歷史延續百年。既體現了武術傳承博採眾長的武術傳統，又承載了先輩之間深厚的情誼，所以書名為《形意八卦拳》。

　　據近代武術家姜容樵先生著《形意母拳》一書有形意八卦合一說：

　　「聞清咸豐間，形意拳之前輩李洛能先生之弟子郭雲深先生，與董海川先生遇於京師，苦戰三日，未分勝負。時郭之藝已震南北，而自忖終覺不逮，但未見八卦之特長，終未肯屈服。其時董海川先生，亦欲窺形意之優點，故用意比試三日。至第三日，董以掌進，愈變愈廣，郭大拜服，遂互相研究數月，始知二者名雖異，其理法則一。二者固交相為用，相輔而實相成者也。當時議決，合為一門。習形意拳者，以八卦掌調劑之，自無偏剛偏進之弊；習八卦掌者，以形意拳輔佐之，則有剛柔相濟、攻堅克銳之能。故後之習形意拳者，必及八卦掌，習八卦掌者，必學形意拳。即術家名稱，亦以形意八卦，連帶呼之。此形意八卦合一之由來，錄之以告海內同志。」

　　這段文字，簡要記載了形意八卦合一門及形意八卦

拳技術體系的最初由來。

形意八卦合一門，集中體現在形意門弟子郭雲深之高徒張占魁、劉奇蘭之弟子李存義、劉德寬，均拜在董海川門下，得八卦掌真傳。八卦門方面，董海川弟子以劉鳳春師從劉奇蘭，得形意拳真傳最多。19世紀末，郭雲深、董海川相繼故世，二門弟子繼續致力於形意八卦合一門的研究。

光緒二十年（1894年），程廷華與耿繼善、劉德寬、劉偉樣（郭雲深弟子）等在北京共議：「合太極、形意、八卦三門為一家。自是時起，此三種拳術，即不分珍域，削除界限。練此拳者，可以兼習他拳，並且可以互相授受。」（志然《國術史之一頁》）經過程廷華、李存義、張占魁、劉鳳春諸先生的大交流、大融會，李存義、張占魁二先生，將形意拳和八卦掌「兩拳合一」，形成了形意八卦拳。

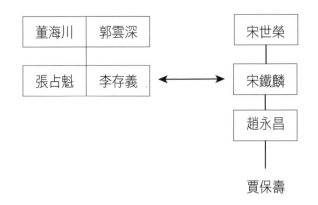

另一方面，山西宋氏形意門祖師宋世榮（1849—

1927年），1873年結識燕都劉曉棠先生，從劉曉棠先生處得到武學秘笈《內功四經》，之後反覆精研習試，並結合家藏《易筋》《洗髓》二經，於內功方面專心研究，又融會貫通太極、八卦諸拳，獨創出了以「盤根」為椿功、「麟角刀」為器械的形意八卦拳術。其侄宋鐵麟（1885—1979年），一生好武，以武為樂，技精而性善。1900年李存義來山西，向宋世榮求教內功並與宋鐵麟先師朝夕相處，交流武技。後經宋鐵麟一生修習，宋氏形意門形意八卦拳更加完善。

趙永昌師父自幼跟隨宋鐵麟前輩學練拳術，在拳理、勁力、內容等方面均有創新，充實和發展了宋氏形意八卦拳術。

我於1958年入山西省武術隊，全面接受正規武術訓練，並拜趙永昌為師學練武術，尤其是得以傳承趙永昌師父形意八卦的武學精髓。我在繼承的基礎上，結合與張克勤、高升禎、張春波、李三元、李桂昌、王瑛、韓子先、陳盛甫等先師學習形意拳、八卦掌的心得，反覆研練、修改、體悟，不斷完善習練方法，形成了這個套路。1979年，我準備參加首屆全國武術觀摩交流大會武術比賽的集訓期間，將這套形意八卦拳展示給前輩和老師們，向他們請教。他們給予肯定並囑咐我再加以精細規範的研究。我不敢懶惰，百加勤奮，不斷鑽研，精益求精，反覆認真體悟，至今已有四十多年。

這套形意八卦拳可以說集長拳、形意、八卦、太極之特點於一體，即形意的勁力、八卦的步法、太極的柔

化、長拳的腰身。特點是內容豐富，方法多樣，舒展優美，屈伸起伏，旋轉扭翻，柔靈合整，內外兼修，連貫協調，自然流暢。

整個套路在圓上走轉中進行，按照乾、坤、坎、離、震、艮、巽、兌八個卦象，每卦8個動作，64個動作分陰陽、走左右，共計128個動作。

這套拳無論對健身還是用武都有較大的參考價值。由於動作活動範圍大，對肌肉、關節、韌帶、骨骼的牽拉轉翻、旋扭、縮展、震顫等作用，可促進人體的柔韌、協調和靈活性，以及力量、速度、耐力等身體素質的提高。透過對內臟器官的拉伸、震動、按摩、導引，疏通經絡、氣脈、血脈，促進循環，改善營養狀況，提高臟腑功能，祛病延年。還可促進大腦的平衡性、協調性和靈活性，提高大腦的分析判斷、快速反應、應急指揮能力。

在用武方面，形意八卦拳能提高柔韌、靈巧、速度、力度、節奏、耐力等身體素質，在攻防的運用上達到準、穩、合、整的效果。

這套拳在習練中不枯燥、不乏味，越練越想練，越鑽越有意思，習練越久，對形意八卦的瞭解和體悟就越深刻。學練形意八卦拳，首先要根據自己的實際情況和技術程度來選擇。一般學者首先應該加強腰腿練習，站好樁功，如能先學會形意五行十二形和八卦十大掌，在此基礎上再習練形意八卦拳會更好些。

學練這套拳可以分為三個階段：

　　第一階段：初步學練各趟動作，要求動作規範，招招勢勢嚴格要求，姿勢高點，速度慢點，用力小點，時間短點，要按順序一趟一趟、一招一招地演練。

　　第二階段：在動作規範較熟練的基礎上，可提高速度、力度和節奏，逐步過渡到自然流暢。

　　第三階段：可以打破原順序練習，可以隨意增加動作，剛柔相濟，內外相合，連綿不斷，自然流暢。

　　本書不僅將我平生實踐所得的兼修方法以套路的形式整理成冊，也把所傳承的形意八卦一脈的拳理和盤托出，不揣學識淺陋，供學者參習研練，或有裨益。如有不足，還望大方之家批評指正。

賈保壽

1979 年賈保壽（後排左一）參加全國武術觀摩交流大會留影

賈保壽（右）與蔡龍雲教授（左）合影

蔡龍雲，中國武術九段，中國十大武術教授，原中國武術院副院長

說　明

一、本書以總結整理作者平生所學，繼承發揚傳統武術文化為宗旨，詳細介紹了形意八卦拳的習練方法。

二、大道至簡。武術動作簡樸，左右反覆習練，不可厭而省之。

三、書中不同方向的練法及同樣招式，也一再詮釋，重拍照片，避免了習練者前後翻尋，影響學練。

四、動作招式盡可能地提供了傳統叫法。傳統武術動作名稱是武術動作形神統一的寫照，取其神韻象其形，寓示動作風格，要細加體悟，自有妙境。

五、每一勢的各拳式之間及每個分解動作之間，都要緊密連貫，不可停頓，做到勢勢相承。

六、文字解說的敘述基本採用根節到梢節的順序，但習練時要全身參與每個動作的完成，一動全動，一到俱到，所以凡有「同時」字樣的動作尤其不可分先後活動。

七、每一分解動作均用圖文對照的方式編寫。每一圖只是動作的瞬間架子，其文字說明緊承上一動作。

八、動作的方向以瞬間姿勢的人體前後左右為依據，為敘述方便採用武術套路中通用的專業術語。

九、插圖上所畫動作路線，左手左腳為虛線，右手右腳為實線。平面上有時難以畫出立體路線來，希望讀者參照動作說明或觀摩光碟。以文字為主，以圖為輔。

十、筆者學識淺陋，難盡武術之妙，歡迎批評指正。

目　錄

上部　傳習 ……………………………………………… 17

我的三位老師 ………………………………………… 18
　張克勤 ………………………………………………… 18
　陳盛甫 ………………………………………………… 20
　趙永昌 ………………………………………………… 21

形意門言傳 …………………………………………… 23
　賈保壽形意傳承譜系 ………………………………… 25
　錄前輩口授形意拳精要 ……………………………… 32

八卦門言傳 …………………………………………… 44
　賈保壽八卦傳承譜系 ………………………………… 47
　錄前輩口授八卦掌精要 ……………………………… 51

賈保壽拳學知言 ……………………………………… 60
　拳悟九則 ……………………………………………… 60
　賈保壽論五行拳 ……………………………………… 63
　賈保壽論十二形 ……………………………………… 69

下部　功法 ⋯⋯⋯⋯⋯⋯⋯⋯⋯⋯⋯⋯⋯⋯ 77

盤根行功 ⋯⋯⋯⋯⋯⋯⋯⋯⋯⋯⋯⋯⋯⋯ 78
盤根解 ⋯⋯⋯⋯⋯⋯⋯⋯⋯⋯⋯⋯⋯⋯⋯ 78
盤法概要 ⋯⋯⋯⋯⋯⋯⋯⋯⋯⋯⋯⋯⋯⋯ 79
動作說明 ⋯⋯⋯⋯⋯⋯⋯⋯⋯⋯⋯⋯⋯⋯ 79

形意八卦練法與訣要 ⋯⋯⋯⋯⋯⋯⋯⋯⋯⋯ 92
乾卦 ⋯⋯⋯⋯⋯⋯⋯⋯⋯⋯⋯⋯⋯⋯⋯⋯ 92
坤卦 ⋯⋯⋯⋯⋯⋯⋯⋯⋯⋯⋯⋯⋯⋯⋯ 110
坎卦 ⋯⋯⋯⋯⋯⋯⋯⋯⋯⋯⋯⋯⋯⋯⋯ 124
離卦 ⋯⋯⋯⋯⋯⋯⋯⋯⋯⋯⋯⋯⋯⋯⋯ 140
震卦 ⋯⋯⋯⋯⋯⋯⋯⋯⋯⋯⋯⋯⋯⋯⋯ 157
艮卦 ⋯⋯⋯⋯⋯⋯⋯⋯⋯⋯⋯⋯⋯⋯⋯ 177
巽卦 ⋯⋯⋯⋯⋯⋯⋯⋯⋯⋯⋯⋯⋯⋯⋯ 192
兌卦 ⋯⋯⋯⋯⋯⋯⋯⋯⋯⋯⋯⋯⋯⋯⋯ 209

附記 ⋯⋯⋯⋯⋯⋯⋯⋯⋯⋯⋯⋯⋯⋯⋯⋯ 227

後記 ⋯⋯⋯⋯⋯⋯⋯⋯⋯⋯⋯⋯⋯⋯⋯⋯ 237

上部 傳習

我的三位老師

啓蒙老師張克勤
（1904—1965 年）

張克勤

　　我的啟蒙老師張克勤（1904—1965 年），是山西定襄北西力村人，從小喜歡武術，好實戰不服輸，好交遊有古風，常與名家交往，閑與大師相會。拜山西盂縣山上一和尚為師，主要習練大、小紅拳，小架子，八法拳等傳統長拳和各種器械以及對練，功深技精，擅長摔跤、格鬥和輕功。

1957 年張克勤師徒合影（右二為賈保壽）

　　1957年，我跟師父回老家一次，據村人講，他小時候身子非常靈便，能雙腳勾住井的邊沿，上身探下去，在井的磚縫間掏雀玩。有人看見就告訴了他父親。父親見了他那危險的樣子，連聲也不吭就回去了。晚上他回了家好一頓挨打。師父年輕時，有一次聽人說，忻州有個放羊漢，跤摔得很有名氣，距他村也不甚遠，便去了要和人家摔。那人正值中年，身強力壯，見他年輕身單力薄，怕摔壞，便不肯交手。師父不服，再三懇求，結果他竟把那人舉起摔了下來。

　　20世紀50年代，師父曾在太原杏花嶺體育場門口看自行車，那時全國各地練武的都常去杏花嶺體育場，一時成為武林人常往之勝地。師父每有機會，便與遠近的名家巨手談武論道，互相切磋。

　　1953年，我和姐姐到了太原，開始正式投張克勤師父學藝。從那以後一直沒有間斷。師父收徒傳藝，教授門

2015年張克勤門下師兄弟合影

徒頗多，主要傳人有我（賈保壽）、王清貴、裴鐵生、李振玉、李樹德、張長安、郭清淦、馬志順、許同玉、王雲龍、蘭蘭、賴貨、賈存德等。

恩師陳盛甫
（1902—1996 年）

陳盛甫

我的恩師陳盛甫（1902—1996年），山東省武城縣人。山西大學教授，全國「十大著名武術教授」之一，國家級榮譽武術裁判，全國武術百傑，山西省原武術協會主席。

恩師出身武術世家，13 歲隨祖父習武，學八段錦。後從鞠朝棟學練基本功數年，包括太極拳、形意拳、八卦掌等拳械套路以及揚眉劍、四門刀與技擊術等。後又在曲阜師範學校從楊明齋學孫臏拳。1926 年畢業於上海東亞體專，其間隨王懷琪學易筋經、五禽戲等，隨

1990 年賈保壽（左）與恩師陳盛甫合影

趙保成學少林門拳械，從張含之精習鞭杆，成為「山西鞭杆」傳人。

1949 年，恩師任太原市人民體育場場長兼中華全國體育總會山西分會副主席時，最先創立了全國第一個武術研究會——太原市武術研究會，挖掘武術傳統套路，成立武術輔導站，為發展山西武術打下了良好基礎，1951 年創辦山西大學體育科（系），擔任主任兼任武術教師和教練，培養出大批體育和武術人才。

他鑽研武術理論，頗有造詣，撰寫了許多武術書籍，其中正式出版的有《鞭杆》《中老年健身操》《十六手對打》《揚眉劍》《技擊制敵三十二掌》等。幾十年來，嘔心瀝血，為發展中華武術事業做出了突出貢獻。

趙永昌

師父趙永昌
（1921—1993 年）

我的形意門、形意八卦門師父姓趙名永昌（1921—1993 年），山西省祁縣東觀鎮人，自幼跟隨宋鐵麟前輩學練形意拳。

新中國成立後，趙師父是我省武術專業隊隊員兼教練，曾多次參加地區、省和全國武術比賽並取得優異成績。1980 年，在太原舉行的全國武術比賽大會上，他以其精功絕藝，展

賈保壽（右）與師父趙永昌（中）、師弟王秀鵬（左）合影

示了宋門形意十二形和絕械「麟角刀」，奪得金牌。多年來，師父為國家培養了大批武術人才，對繼承發展中華武術做出了積極的貢獻。趙師父是國家一級武術裁判，多次擔任縣、地區、省裁判工作，歷任裁判長、仲裁等職。

師父曾任山西省武術協會委員、山西省形意拳研究會常務理事，除傳授技藝外，在整理研究武術資料方面也做了很大貢獻，發表了很多武術方面的文章和論文，充實了武術文化寶庫。

師父在多年的武術實踐中，深悟宋氏形意拳真諦，在拳理、勁力、內容等方面有所創新，充實和發展了宋氏形意拳。

形意門言傳

形意拳，是在中華文化豐厚沃土上，紮根於山西、依託晉商成長起來的武術奇葩。形意拳形合勁整，身順氣和，體鬆勢活，樸實無華，理法依陰陽五行，術修合禪道佛儒，套路動作象形取意，格物致知。以椿法為基礎，以劈、崩、鑽、炮、橫五行拳為母，化生龍、虎、猴、馬、鼉、雞、鷹、熊、鮐、蛇、燕、鷂十二形拳，進而形成了特有的單練、對練、長短器械套路。

形意拳作為武學法門，源遠流長，內涵豐富。據現有史料記載，為明清之交山西蒲州姬際可先師，於終南山得武穆遺書，遇異人所傳。綿綿相授，代有才人，書不勝數。

在晉中形意沃土上成長起來的我，自小接觸形意。我於 1954 年始向戴氏心意拳家高升禎、師雄霸老師學練戴氏心意拳；1958 年入選山西省武術隊後，全面接受正規武術訓練，並拜宋氏形意趙永昌師學練宋氏形意拳；又向李三元、李桂昌、王瑛等師學練車氏形意。

1959 年，我代表山西省參加了第一屆全運會，獲得了「山西省優秀運動員」稱號；同年代表山西省參加了全國青少年武術比賽，取得了形意拳第二名的成績。以後我多次在不同層次、不同場合進行演練，均博得名家同行的好評。

1959 年賈保壽（後排左一）參加第一屆全運會留影

　　我學練各種形意拳六十餘年，潛心研練不斷體悟，認為無論是哪家哪氏的形意皆是同源同理，只是在練法上、形式上各有特點。

賈保壽指導弟子武大偉習練形意拳

賈保壽形意傳承譜系

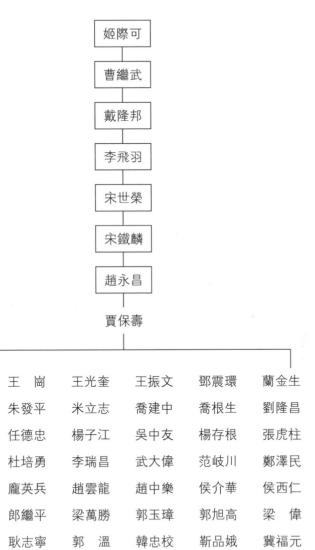

姬際可

曹繼武

戴隆邦

李飛羽

宋世榮

宋鐵麟

趙永昌

賈保壽

郭雲勝	王 崗	王光奎	王振文	鄧震環	蘭金生
孫文斌	朱發平	米立志	喬建中	喬根生	劉隆昌
劉敦浩	任德忠	楊子江	吳中友	楊存根	張虎柱
張海兵	杜培勇	李瑞昌	武大偉	范岐川	鄭澤民
武金祖	龐英兵	趙雲龍	趙中樂	侯介華	侯西仁
郝金端	郎繼平	梁萬勝	郭玉璋	郭旭高	梁 偉
賈守貞	耿志寧	郭 溫	韓忠校	靳品娥	冀福元

2014 年賈保壽與弟子合影

姬際可

1602—1683 年，字龍峰，山西蒲州人，有神拳之稱，精六合槍法及拳法。相傳是心意六合拳、心意拳、形意拳的始祖。

李飛羽

1808—1890 年，字能然，河北省深縣人。近代形意拳宗師，有「神拳李」之威名，著有《形意拳譜》。

宋世榮

1849—1927 年，字約齋，北京人，從近代形意拳宗師李飛羽學練形意拳。創編「內功盤根」「徒手十六把」「麟角刀」等功。

車永宏

1833—1914 年，字毅齋，人稱車二師傅，太谷縣桃園堡村人。幼學形意拳於李飛羽先生。戴龍邦先生晚年家居，車毅齋時往受教，盡得其傳，曾獲「清華翎五品軍功」。

戴　魁

1874—1951 年，字明禎，山西祁縣城內人，為「鐵捕」戴良棟（戴二閭族侄）之獨子，自幼即隨父習武，文武兼修。

李復禎

1855—1930 年，小名常有，世人多稱「常有師傅」，太谷縣賈家堡村人。與車永宏先生同鄉，朝夕相處數十年，勤學苦練，盡得車先生之真傳，為一代形意名家。

布學寬

1876—1971 年，字子容，山西祁縣鞏家堡村人，後定居太谷縣城內，是中國著名的武術家。清光緒二十六年（1900 年），投車永宏門下學形意拳，以身靈、柔化見長，直到 90 餘歲猶耳聰目明，步履矯健。

宋鐵麟

1885—1979 年，宋世德之子，宋世榮之侄，一生好武，以武為樂，技精而性善，在形意拳的發展上做出了不可磨滅的貢獻。

高升禎

1895—1972 年，
山西祁縣魯村人，戴
氏心意拳傳人，著名
武術家，武術大師。
師從戴魁先生。

趙永昌

1921—1993 年，
山西省祁縣東觀鎮
人，自幼跟隨宋鐵麟
學練形意拳。深悟宋
氏形意拳真諦，在拳
理、勁力、內容等方
面有所創新，充實和
發展了宋氏形意拳。

錄前輩口授形意拳精要

宋世榮先生言

一則

形意拳之道，是先將拳術已成之著法，玩而求之，而有得之於心焉。或吾胸中有千萬法可也，或吾胸中渾渾淪淪，無一著法亦可也。無一法者，是一氣之合也，以至於應用之時，無可無不可也。有千萬法者，是一氣之流行也。應敵之時，當剛則剛，當柔則柔，起落進退變化，皆可因敵而用之也。譬如千萬法者，是一形一著法也，一著法之中，亦皆能生生不已也。譬如練蛇形，蛇有撥草之精，至於蛇之盤旋屈伸，剛柔靈妙等式，皆伊之性能也。

兵法云，譬如常山蛇陣式，擊首則尾應，擊尾則首應，擊其中則首尾皆應。所以練一形之中，將伊之性能，格物到至善處，用之於敵，可以循環無端，變化無窮，故能時措之宜也。一形之能力如此，十二形之能力皆如是也。內中之道理，物之伸者，是吾拳之長勁也；物之屈者，是吾拳之短勁也；物之曲曲彎轉者，是吾拳之柔勁也；物之往前直去猛快者，是吾拳之剛勁也。雖然一物之性能，剛柔曲直，縱橫變化，靈活巧妙，人有所不能及也，所以練形意拳術者，是格物十二形之性能，而得之於心，是能盡物之性也，亦是盡己之性也。因此練形意拳者，是效法天地，化育萬物之道也。此理存於內而為德，用之於外而為道也。又內勁者，內為天德，外法者，外為

王道。所以此拳之用，能以無可無不可也。

一則

形意拳術有道藝、武藝之分，有三體式單重、雙重之別。

練武藝者，是雙重之姿勢，重心在於兩腿之間，全身用力，清濁不分，先後天不辨。用後天之意，引呼吸之氣，積蓄於丹田之內，其堅如鐵石，周身沉重，站立如同泰山一般。若與他人相較，不怕足踢手擊。拳經云：足打七分手打三，五行四稍要合全，氣連心意隨時用，硬打硬進無遮攔。此謂之濁源，所以為敵將之武藝也。若練至至善處，亦可以無敵於天下也。

練道藝者，是三體式單重之姿勢，前虛後實，重心在於後足，前足亦可虛、亦可實，心中不用力，先要虛其心，意思與丹道相合。

丹書云，靜坐要最初還虛，不還虛，不能見本性，不見本性，用工皆濁源，並非先天之真性也。拳術之理亦然，所以亦要最初還虛，不用後天之心意，亦並非全然不用，要全不用，成為頑空矣。所以用勁者，非用後天之拙力，皆是規矩中之用力耳。還虛者，丹書云，中者虛空之性體也，執中者，還虛之功用也。

是故形意拳術起點，有無極、太極、三體之式，其理是最初還虛之功也。

丹書云，道自虛無生一氣，便從一氣產陰陽，陰陽再合成三體，三體重生萬物張，是此意也。三體者，在身體，外為頭手足也，內為上中下三田也；在拳中，形意、

八卦、太極三派之一體也。雖分三體之名，統體一陰陽也，陰陽總一太極也，即一氣也，亦即形意拳中起點無形之橫拳也。此橫拳者，是人本來之真心，空空洞洞，不掛著一毫之拙力，至虛至無，即太極也，所謂無名天下之始。但此虛實太極，不是死的，乃是活的，其中有一點生機藏焉，此機名曰先天真一之氣，為人性命之根、造化之源、生死之本也，此虛無中含此一氣，不有不無，非有非無，非色非空，活活潑潑的，又曰真空。真空者，空而不空，不空而空，所謂有名萬物之母，虛無中既有一點生機在內，是太極含一氣，一自虛無兆質矣。此太極含一氣，是丹書所說的靜極而動，是虛極靜篤時，海底中有一點生機發動也。邵子云，一陽初發動，萬物未生時也，在拳術中，虛極時橫拳圓滿無虧，內中有一點靈機生焉。

丹書云，一氣即兆質，不能無動靜，動為陽，靜為陰，是動靜既生於一氣，兩儀因此一氣開根也。動極而靜，靜極而動，劈崩鑽炮，起鑽落翻，精氣神，即於此而寓之矣。故此三體式內之一點生機發動，而能至於無窮，所以謂之道藝也。

一則

靜坐功夫以呼吸調息，練拳術以手足動作為調息。起落進退，皆合規矩，手足動作，亦俱和順，內外神行相合，謂之息調。以身體動作旋轉，縱橫往來無有停滯，一氣流行，循環無端，謂之停息，亦謂之脫胎神化也。雖然一是動中求靜，一是靜中求動，二者似乎不同，其實內中之道理則一也。

車毅齋先生言

一則

形意拳之道，合乎中庸之道也。其道中正廣大，至易至簡，不偏不倚，和而不流，包羅萬象，體物不遺。放之則彌六合，卷之則退藏於密，其味無窮，皆實學也。惟是起初所學，先要學一派，一派之中，亦得專一形而學之。學而時習之，習之已熟，然後再學他形。各形純熟，再貫穿統一而習之。習之極熟，全體各形之式，一形如一手之式，一手如一意之動，一意如同自虛空發出，所以練拳學者，自虛無而起，自虛無而還也。到此時，形意也，八卦也，太極也，諸形皆無，萬象皆空，混混淪淪，一氣渾然，何有太極？何有形意？何有八卦也？所以練拳術不在形式，只在神氣圓滿無虧而已。神氣圓滿，形式雖方，而亦能活動無滯；神氣不足，就是形式雖圓，動作亦不能靈通也。拳經云：尚德不尚力，意在蓄神耳。用神意合丹田先天真陽之氣，運化於周身，無微不至，以至於應用，無處不有，無時不然，所謂物物一太極，物物一陰陽也。

一則

中庸云：鬼神之為德，其盛矣乎！視之而弗見，聽之而弗聞，體物而不遺，亦是此拳之意義也。所以練拳術者，不可守定成規成法而應用之。成法者，是初入門教人之規則，可以變化人之氣質，開人之智識，明人之心性，是化除後天之氣質，以復其先天之氣也，以致虛無之時，無所謂體，無所謂用。拳經云：靜為本體，動為作用，是

體用一源也。體用分言之，以體言，行止坐臥，一言一默，無往而不得其道也。以用言之，無可無不可也。

余幼年間，血氣盛足，力量正大，法術記得頗多，亦得亦熟亦快，每逢與人相比較之時，觀彼之形式，可以用某種手法正合宜，技術淺者，古人一氣之先，往往勝人。遇著技術深者，觀其身式，用某種手法亦正合宜，一到彼之身邊，彼即隨式而變矣。自己的舊力未完，新力未生，往往再想變換手法，有來不及處，一時要進退不靈活，就敗於彼矣。以後用力之久，而一旦豁然貫通，將體式身法，全都脫去，始悟前者所練體式，皆是血事，不得中和之道也。

一則

昔年有一某先生，亦是練拳之人，在余處閒談，彼憑著血氣力足，不明此拳之道理，暗中有不服之意。余此時正洗面，且吾洗面之姿式，皆用騎馬式，並未注意於彼。不料彼要取玩笑，起身用腳，望著余之後腰，用腳踢來。彼之腳方到余之身邊，似挨未挨之時，余並未預料，譬如靜坐功夫，丹田之氣始動，心中之神意知覺，即速又望北接渡也。此時物到神知，余神形合一，身子一起，覺腰下有物碰出，回觀，則彼跌出一丈有餘，平身躺在地下。余先何從知彼之來？又何從知以何法應之？此乃拳術無意中抖擻之神力也，至哉信乎？

一則

拳經云：拳無拳，意無意，無意之中是真意也。至此拳術，無形無象，無我無他，只有一神之靈光，奧妙不測

耳。

拳經又云，渾圓一氣吾道成，道成莫外真五行，真形內藏真精神，神藏氣內丹道成，如問真形須求真，要知真形合真相，真相合來有真訣，真訣合道得徹靈。養靈根而動心者，敵將也；固靈根而靜心者，修道也。武藝雖真竅不真，費盡心機枉勞神，祖師留下真妙訣，知者傳授要擇人。

戴魁先生言

人莫不有拳，而能顯其用者則鮮。蓋因有拳而無心意，則拳無法術，其功不著，雖有亦等於無耳。誠以心意者，一本也，拳術者，萬殊也，有一本心意之靈，方生萬殊拳術之妙。且宇宙之事業，皆成於心意，事業且然，何況拳術，此心意之所以見重於拳術而不可缺者也。至拳術之重視六合者何也，蓋有心與意、意與氣、氣與力之內三合也，則內自印合。有手與足、肘與膝、膀與胯，外三合也，則外自整飾，達到內印外整之境。則混元一體，無懈可擊矣。苟六合者不合，則外無整形，內無印合，無整無印，勢同散沙，散沙之勢，不敗猶幸，安望勝敵，此六合之見重於拳術者也，學拳術者果能心意靈通，六合應整，而曰：藝不成者吾不信也。

高升禎先生言

練心意拳目的主要是練氣，以意領氣，使內氣運轉周身，壯內臟，養真氣，袪病強身，延年益壽。歌訣云：

「精養靈根氣養神，元陽不走得氣真，丹田養就長命寶，萬兩黃金不與人」。

心意拳的動作有慢快之分，慢者是培養內功途徑，快者即練爆發勁。慢者養，快者用。歌曰：「久練內外一氣成，遇敵好似火燒身。」

練心意拳要求全身放鬆。

蹲丹田時雙腿併攏，下蹲兩手隨意放於兩腿內側，同時吸氣，而後直起，手放丹田處，呼氣。反覆練習。要求三尖對，鼻尖、膝尖、腳尖蹲下去成一條直線；三心照，足心、中心、頂門心在一條直線上，臀部內收，身體保持一定的姿勢。

張書田先生言

一則

形意拳術是法天地之造化，本五行之消長，旁參萬物之獨長以鍛鍊人之心身也。人以心為主，心之發動曰意，意之所向，則神經因之張弛，氣血隨之緩急。現於外部者為肢體之動作，而力之大小生焉。形意拳術以心意為本，肢體為用，靜原渾虛，動充四體，內而調養臟腑，使精氣神充足，外而鍛鍊肢體，使筋骨肉堅強，內外兼修，發揮肢體活動之功能，袪欲啟蔽，延年益壽，是拳術之道兼養生之術也。

天之生人，肉體形也，而有先天真一之氣藏也。此氣存則生、亡則死矣。形意拳術外練形體之運動，內修先天真一之氣的團聚。人秉此氣而生，生理變化就有陰陽之

分，陽生陰長，陰陽和而臟腑能各安其職，身體健康矣。身體健康，則氣充而力沛，肢體之活動力強，學習各物之特長而能得其精，形意拳之五行拳及十二形拳，即由此而產生，亦即所謂學習武藝也。形意拳之肢體活動，對於身體內部之關係，至為密切，內外之功能，互為因果，非單純鍛鍊肢體活動之拳術可比也。

　　人之形體，氣之宅也。形固則精足而氣充，氣充則形不衰，氣之所生，血脈流通也。氣者，神之母也。何謂神？以其靈明而莫測，照應而無方，故名之曰神。形意拳術外練其形，內運其氣，形固氣充，還精於周身，所謂煉精化氣，煉氣化神，內充外裕，而肢體活動之功能方能到神妙之境。此內家拳與外家拳之所不同也。

　　形意拳術之活動功能，為展、截、裹、跨、挑、頂、雲、領八字功是也，即拳中之性也。展者，兩臂開展，如鳥之展翅，封閉其手足之出入也。截者，截斷其手足之活動，不讓隨意運用也。裹者，束身而起，藏身而落，包裹安密，不露空隙也。跨者，側身跨藏，使其傾斜，不得中正也。挑者，手向上挑起也。頂者，用力頂撞而擊之也。雲者，兩手之運行，如雲之盤旋回繞，化其來勁而還擊之也。領者，領其身手，或左或右，或上或下，使其不得中正之勁也。

　　用於外者為情，情者，跳、撲、裹、舒、絕五字訣也。跳者，如趾毒物也，進步如踏毒蛇，不可稍縱。撲者，如貓虎之撲食也，出手犀利，撲擊勇猛。裹者，兩手出入一氣團聚，掩裹安密，不露空隙。舒者，舒展其力

也。絕者，全絕也，一絕而無不絕也，全身動作，內外上下整肅一氣，一動如雷霆，不動如山岳。情者，性之動也，情為表則，鍛鍊有得於心，則情用得當，而能盡其性，性情二者而為一也。

一則

形意拳術以靜為本，以動為用，靜是動之儲，動是靜之效，捨動言靜，其失也枯。如宋儒之危坐冥思，佛家之入定蒲團，專注於氣息之沉靜修養，而對於身體不加鍛鍊，其結果往往手足麻痹，心如死灰，而形如槁木；捨靜言動，其失也枵，如專重身體之鍛鍊，不顧氣息之修養，往往五臟內傷，致壽命短促，二者皆偏於一端。形意拳術是動靜兼修，一面鍛鍊身體，一面調養氣息，內外相顧，融合無間，故當動之先，要靜氣凝神，洗滌一切雜念。人之氣息是行於虛無，而滯於雜亂，如思想散弛，則氣必凝結障害，久之易致氣痞之病。

一則

學問技術，本無止境，愈專愈精，愈精愈巧。熟能生巧，巧從悟而得之。若不能悟，雖熟亦不能生巧。何謂悟？自誠而明也。明則生巧，巧生而神化之，則近於妙矣。何謂妙？以其靈明而莫測，妙應而無方，令人不可思索矣。

放大眼光向前看，切不可自滿，自滿則驕傲心生而固步自封，不能前進矣。要虛心觀摩，擇善而從之。若蒙頭蓋面不見一切，以誤為真而自吹自擂，誤己誤人，則其害不堪設想矣。盲人騎瞎馬，實在危險啊！滿招損，謙受

益，切記勿忘。

趙永昌師父言

一則

　　三體式是形意拳之初步椿功，習練形意拳首先注意練椿式。三體式前腳與後腳前後自然分開，左右均可，身體下蹲50°，大腿與小腿成130°，前腳尖裏扣15°左右，後腳尖裏扣25°左右，腳趾抓地，腳心含空，兩膝裏扣，提肛挺腰、收臀、沉肩、豎項、目前視，閉口叩齒，舌尖頂上齶，兩臂前伸，前伸之臂肘尖下垂，坐腕，虎口圓開，指扣，掌心縮，中指尖與鼻尖齊，後臂下垂、靠身、坐腕，手型同前，貼於臍旁。此時集思，隨氣呼吸，意守丹田。

一則

　　五行拳是劈、崩、鑽、炮、橫五拳，象徵著金、木、水、火、土五行。在鍛鍊時關係著肺、肝、腎、心、脾五臟之按摩活動。

　　劈拳屬金，關係著肺部之活動。其勢有向下、向前劈之意義。練時要步穩，臂伸，身縮，沉肩，垂肘，挺腕，指扣，掌心縮。出步要有起落節奏。腳去要踩，腳心騰空，腳趾抓地，合膝，裏胯，落臂。其勢為陽勁，要注意各部位之配合一致。回身動作，左腳在前則右轉，右腳在前則左轉。

　　鑽拳屬水，關係著腎臟之活動，其勢有向上鑽之意義。練時注意手腕仰屈，開胸，沉肩，垂肘，前出之拳仰，後拳附在前肘旁，其勢為陰勁。轉身規格同劈拳。

　　崩拳屬木，關係著肝臟之活動。其勢是向前平射之意義。練時用半步打法，前腳掌在前，後腳掌在後，其勢屬陽勁，要注意各部位之配合。轉身動作，如左腳在前則右轉身，轉過時，後腳橫踩，後手前鑽，前手變後手仰靠前肘旁，落下成歇步按掌。後則再前腳先順出，後腳半跟而拳崩出，左右交換而練。

　　炮拳屬火，其練法與心臟之活動有關，其勢與步法是左右斜行，就是要腳踩方向正、路線斜、拳出斜，特別注意腰部之扭轉，左右各 45°。兩臂之動作是，一臂外滾，一臂前衝。左右相同，轉身步法與劈拳同。

　　橫拳屬土，其練法對脾臟起按摩作用。其步法路線左右斜行。應注意腳尖向前要正，腳踩路線是左腳在左、右腳在右。如出左腳，左手外平翻是外橫，手心由下向上翻，右出亦同。如果出左腳而右手向左出叫裏橫，右亦同左。但注意向左右橫出之臂，儘量要向著 90° 方向，高與腰平，出拳時以腰為軸，回身步法與炮拳同。

　　一則

　　十二形為龍、虎、猴、馬、鼉、雞、鷹、熊、鴿、蛇、鷂、燕。

　　龍有縮骨之法，緣其雖具龐大身體，但卻能縮小、綿軟、柔靈活潑，其法有起伏轉折、返側、收縱之本能。

　　虎有撲食之勇，運用尾閭之勁，可以上升於臂爪，並富勇膽，一勇直衝，毫無退卻之意。練時注意陽式與陰式之不同方法。

　　猴有縱山之靈，舒臂之力，練時要注意轉折靈活，手

眼相隨，力點達於手指。其勁陽剛，是在靈巧活潑中產生力量。

馬有跡蹄之功，其勁發於尾閭，屬於陽剛之勁，富於衝力，有向前下栽之意。

鼉有浮水分浪之巧，其勁在腰，發於肩，臂、掌、胯、膝、足配合。發勁很重要。

雞有欺鬥之勇，其勁在於足膝。練時注意膝部，發勁要脆，配合手掌之抱力，純為陰勁之功。

鷹有捉拿之功，其勁屬陽，力點在指掌之間，步型合步順步均可，但須注意眼目之視力要與手去之處集中。

熊有豎項之力，專練根節之橫勁，其力點發於腰際，至於肩膀，要注意裏臂、拱膀，左右橫出，其勁屬陽。

鮐有豎尾之精，專練胯臀之勁，足膝配合，兩手用滾、壓、裏之配合，其勁屬陰。

蛇有撥草而行之巧，其動作要有伸縮。伸出勢要斜挑，用拳掌均可，收縮下蹲時腰正收臀，發勁注意腰、臂、手同時一齊發出，其勁屬陰。

鷂有翻身之巧、穿林之妙，注意穿掌要仰，翻身動作要肩、腰柔靈圓轉，兩拳臂配合湊勁，腳部相隨，不能拖拉。重點練身法。

燕有取水之巧，回飛旋轉之靈。練時注意配合三掌之勁，身法與手法相配，穿掌、撩掌、翻臂掌，起伏要靈活，由伏到起中間不能稍有停頓。

八卦門言傳

　　游身八卦連環掌，闡《易》之意蘊，行之於拳術，以武入道。不知創於何時，聞清代董海川先生始廣傳此技，後董先生傳之程先生廷華等人，孫祿堂師得程先生言傳身授。鄭師受藝於孫祿堂師，張春波師受教於鄭懷賢師。

　　1955 年我學於張春波師，一生勤習未敢稍懈，多次參加比賽獲得優異成績，又得陳盛甫、沙國政等老前輩的耐心指導。

賈保壽早年留影

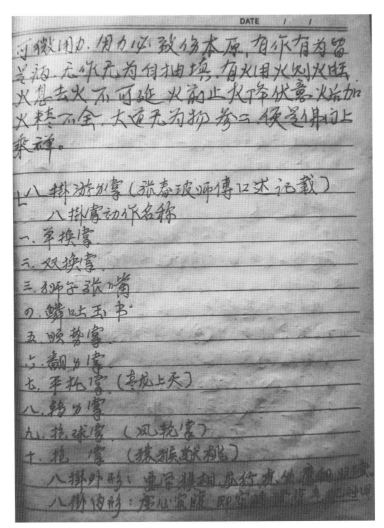

可微用力。用力必致傷本原，有作有為留
差病。無作無為但抽填，有火用火則火旺
火息去火不可延，火前止火下等伏意火始加
火轉不全，大道無為物參二，候是得訣上
乘禪。

七、八掛游身掌（張春波師傳口述記載）
　　八掛掌动作名称
一、单换掌。
二、双换掌。
三、狮子张嘴。
四、鳞吐玉书。
五、眼势掌。
六、翻身掌。
七、平托掌（真龙上天）。
八、转身掌。
九、抱球掌（風轮掌）。
十、抱掌（猿猴献桃）。
　　八掛外形、重實翻身行走伸鹰如熊練
　　八掛內形：虚心實腹 眼睛观察

張春波口述、賈保壽筆錄八卦掌筆記

　　八卦掌各派，套路紛繁，風格迥異。我習練的活步八
卦掌少有傳習，套路動作舒展大方，活動範圍廣，自然流
暢，旋扭轉翻要求腰身靈活，全身內外、上下、左右協
調，習練時別具風格，俗名「十大掌」。

　　十個掌式為兩儀單換掌、四象雙換掌、乾卦獅形托槍掌、坤卦麟形返身掌、坎卦蛇形順勢掌、離卦鷂形臥掌、震卦龍形平托掌、艮卦熊形背身掌、巽卦鳳形風輪掌、兌卦猴形抱掌。

　　時而習之，多年演練，愈覺編創精微。練至佳境，固養正氣，心遊萬仞，精鶩八極，妙不可言。

賈保壽(中)指導弟子郭雲勝(右)和希臘武術館館長(左)八卦推手

賈保壽八卦傳承譜系

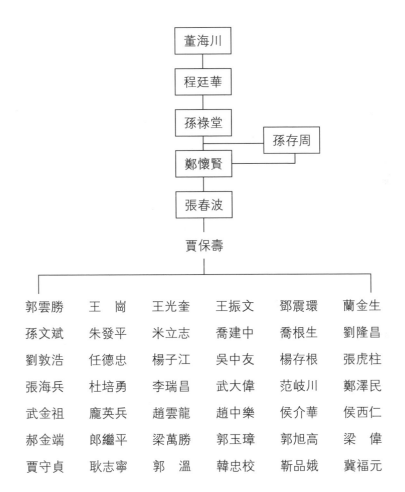

董海川

約 1813—1882年，原名董明魁，生於清代嘉慶年間，祖籍山西洪洞，世居河北文安城南朱家務。精技擊、好遨遊，嘗涉跡江皖間，得道教修煉術之啟示，結合武術攻防招法，創編成八卦掌，八卦掌始廣傳於世。

程廷華

1848—1900 年，字應芳，河北省深縣程村人。自幼入京學徒，藝成後在哈德門（崇文門）外花市上四條，以製鏡為業，江湖人稱「眼鏡程」。投師董海川門下，深得八卦掌之精奧。

孫祿堂

1860—1933 年，名福全，字祿堂，晚號涵齋，河北省完縣東任家疃人，清末民初蜚聲海內外的著名武學大家，堪稱一代宗師，近代武林素有「虎頭少保」「天下第一手」之稱，曾親炙程廷華先生之門學習八卦掌。

孫存周

1893—1963 年，字煥文，號二可，河北完縣任家疃人。孫祿堂之次子，得家學大要。

鄭懷賢

1897—1981 年，又名鄭德順，河北人。中國著名中醫骨傷科專家、武術家、教授。從學孫祿堂、孫存周父子，在中醫骨傷科界有極高的聲譽，後人尊為「武醫宗師」。

張春波

1909—1986 年，男，漢族，山西省交城人。1929 年從師於鄭懷賢先生及龐維國先生，學習八卦掌、形意拳。1958 年參加省武術表演獲一等獎。傳人主要有賈保壽、申華章等，在山西省武術界有一定影響。

錄前輩口授八卦掌精要

程廷華先生言

　　練八卦掌之道，先得明師傳授，曉拳中之意義，並先後之次序。其實八卦，本是一氣變化之分（一氣者，即太極也）。一氣仍是八卦、四象、兩儀之合，是故太極之外無八卦，八卦、兩儀、四象之外，亦無太極也。所以一氣八卦為其體，六十四變以及七十二暗足，互為其用。體亦謂之用，用亦謂之體，體用一源，動靜一道。遠在六合以外，近在一合身中。一動一靜，一言一默，莫不有卦象焉，莫不有體用焉，亦莫不有八卦之道焉。

　　其道至大而無不包，其用至神而無不存。若是言練，先曉伸縮旋轉圜研之理。先以伸縮而言之。縮者，是由高而縮於矮，由前而縮於後。從高而縮於矮之情形，身子如同縮至於深淵；從前而縮於後之意思，身體如同縮至於深窟。若是論身體伸長而言之，伸者，自身體縮至極矮極微處，再往上伸去，如同手捫於天；往遠伸去，又同手探於海角。此是拳中開合抽長之精意。

　　古人云：「其大無外，其小無內。放之則彌六合，卷之則退藏於密。」所以八卦拳之道，無內外也。研者身轉如同幾微的螺絲細軸一般，身體有研轉之形，而內中之軸，無離此地之意也。旋轉則是放開步法，邁足望著圓圈一旋轉，如身體轉九萬里之地球一圈之意也。至於身體剛柔，如玲瓏透體，活活潑潑，流行無滯，又內中規矩，的

的確確不易。胳膊百練之純鋼，化為繞指之柔；兩足動作皆勾股三角；兩手之運用，又合弧切八線。所以數不離理，理不離數，理數兼該，乃得萬全也。

將此道得之於身心，可以獨善其身，亦可以兼善天下。身之所行，是孝悌忠信，無事口中可以唱念阿彌陀佛。行動不離聖賢之道，心中不離仙佛之門。非知此，不足以言練八卦拳術也，亦非如此，不能得著八卦拳之妙道也。

孫祿堂先生言

一則

拳中近取諸身言之：乾為頭，頸直頂懸，頷回收，接取天陽；坤為腹，腹實腰撐，通泥丸，存固精氣；坎為耳，充耳不聞，神氣斂，而精生；離為目，微微上瞟，意念純，達內視；震為足，平起平落，擦地行，含通地陰，身體平穩而利精；艮為手，雙掌直立圓對，沉肩墜肘撐臂，後肘對心，裏掌要頂，外掌要撐，勁力周全；巽為股，收臀提肛，縮股裹胯，屈腿蹲坐養肝；兌為口，抿唇閉口，舌頂上齶，通任督，生津入丹田化元精。

若遠取諸物言之：乾卦——獅形獅子掌，坤卦——麟形返身掌，坎卦——蛇形順勢掌，離卦——鷂形臥掌，震卦——龍形平托掌，艮卦——熊形背身掌，巽卦——鳳形風輪掌，兌卦——猴形抱掌。獅、龍、猴為定型掌法，麟、蛇、鷂、熊、鳳是五個動掌。以八卦之身，練八卦之數，此八卦拳術之名稱也。

一則

三害者何？一曰努氣；二曰拙力；三曰挺胸提腹。

用努氣者，太剛則折，易生胸滿氣逆、肺炸諸症。譬之心君不和，百官自失其位。

用拙力者，四肢百骸，血脈不能流通，經絡不能舒暢，陰火上升，心為拙氣所滯，滯於何處，何處為病，輕者肉中發跳我，重者攻之疼痛，甚之可以結成瘡毒諸害。

挺胸提腹者，逆氣上行不歸丹田，兩足無根，輕如浮萍，拳體不得中和，即萬法亦不能處時中地步。

故三害不明，練之可以傷身，明之自能因人如聖，必精心果力，剔除淨盡，始得拳學入門要道。故書云，樹德務滋，除惡務本。練習諸君，慎之慎之。

一則

九要者何？一要塌；二要扣；三要提；四要頂；五要裹；六要鬆；七要垂；八要縮；九要起躦、落、翻分明。

塌者，腰往下塌勁，尾閭上提，督脈之理。

扣者，開胸順氣，陰氣下降，任脈之理也。

提者，穀道內提也。

頂者，舌頂上齶、頭頂、手頂是也。

裹者，兩肘往裏裹勁，如兩手心朝上托物，必得往裏裹勁也。

鬆者，鬆開兩肩如拉弓然，不使膀尖外露也。

垂者，兩手往外翻之時，兩肘及力往下垂勁也。

縮者，兩肩與胯雷根，極力往回縮勁也。

起、鑽、落、翻者，起為鑽，落為翻，起為橫，落為

順，起、鑽是穿，落、翻是打，起亦打，落亦打，打起落，如機輪之循環無間也。

所練之要法，與形意拳無異也，譬之易經方圓二圖，方圖乾始西北，坤盡東南，乾坤否泰居外四隅，震巽恒益居內四角。其陽自西北而逆氣退於中央，生氣在中也；陰自中央而順於東南，陰氣在外也，其生卦而恒益否泰。

如形意拳，起手先進左足，以右足為根，身子看正是斜，因此形意拳與方圖皆屬地，在地成形，所以形意拳在十字當中求生活也。圓圖乾南坤北，離東坎西。左陽升，右陽降，陰來交陽；一陰生於天上，陽來交陰；一陽生於地下，陽生陰生，皆在圖之正中。圓象天，天一氣上下，上而陽，下而陰，象一氣運陰陽，陰陽相交，即太極一氣也。

八卦拳左旋右轉，兩胯雷根，如圓圈裏邊無有棱角。兩眼望著前手食指梢，對著圓圈中間看去，旋轉不停如太極一氣也。因此八卦拳與圓圖皆屬天，在天成象，所以八卦拳在圓圖虛中求玄妙也。又譬之奇門，有飛九宮一至九之數皆圓形屬天，與八卦拳理相合也。易經雖有方圓二形，其理無非逆中行順，順中用逆，以復先天之陽也。奇門有飛九宮轉盤二形，其理無非奇逆儀順，奇順儀逆，以還一元之氣也。形意八卦雖分方圓二派，其理無非動中縮勁，使氣合一，歸於丹田也。所以大聖賢正心誠意，無不與拳術之道息息相通。大英雄智勇兼備，亦必明於數學之理。大技藝家格物致和，亦必先明於意、氣、力之用。以上諸理，形名雖殊，其理則一。

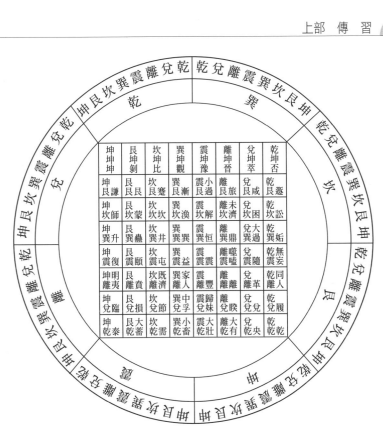

六十四卦方圓圖

　　練拳術者，明乎此理，以丹田為根，以意、氣、力為用，以九要為準則，遵而行之，雖不中不遠矣。

一則

　　四德者，順、逆、和、化。四者，即拳中合宜之理也。順者，手足順其自然往前伸也；逆者，氣力往回縮也；和者，氣力中正無乖也；化者，化其後天之氣力歸於丹田而返真陽也。

　　八能者，乃搬、攔、截、扣、推、托、帶、領。八者，即拳中之性也。

搬者，搬敵人之手足肩胯是也；

攔者，攔敵人之手足，如研肘是也；

截者，突住敵人之手足胳膊腿是也；

扣者，扣敵人之兩手並胸小腹是也；

推者，推敵人之兩手並身，其中有單手推者，有雙手推者（即雙撞掌）是也；

托者，托敵人之兩手，有平托者，有望高托者是也；

帶者，敵人抓住我手，極力往回帶，或掛敵人之手皆是也；

領者，領敵人之身，或敵人之兩手，往左右領去，或往上領，或往下領，即使敵人不得中正之勁也。

八能者，內含六十四事，合六十四卦也。八者，正卦也，即上乾下乾之類；六十四者，變卦也，即上乾下坤，否泰互卦之類。所謂八搬八扣，各有八，合而為六十四者，則謂拳中之性也。

順逆合化，為六十四卦之德也。六十四卦含之於順、逆、合、化四者之中，而為德行，行之於身而為道，用之於外而為情。

情者，即起落、鑽翻也。且八能用時，或明而用之，或暗而用之，或打破彼之身式而用之，或化開彼之法式而用之，或剛進而用之，或柔進而用之，或進而用之，或退而用之，或誘而用之，或指上而用之下，或指下而用之上，或指左而打右，或指前而打後，或指此而打彼。或彼剛而我柔，或彼柔而我剛，或彼矮而我高，或彼動而我靜，或彼靜而我動，或看地之形式，伸縮往來分別而用

之。

地形者，遠近險隘，廣狹死生之類也。且身式將動而未動時，務要周身一家，合外內一道，再觀彼之身式高矮，量彼之情形虛實，察彼之氣質薄厚，將彼奸詐虛實等等得之於心，隨便酌量用之，而能時措之宜。至於拳內用法名目雖廣，然無論如何動作變化，總以四情為表則也，四情用的合當，則能與性德合而為一道也。

一則

程廷華先生所用之游身八卦，或黏或走，或開或合，或離或即，或頂或丟，忽隱忽現。或忽然一離，相去一丈餘遠；忽然而回，即在目前。或用全體之力，或用一手，或二指，或一指之一節。忽虛忽實，忽剛忽柔，無有定形，變化不測。

一則

起點轉法，無論何式，自北往東走，旋之不已，謂之左旋；自北往西走，轉之不已，謂之右轉。凡穿掌往左右換者，無論在何方，換掌換身，若望著左胳膊穿者，謂之往左穿手；望著右胳膊穿者，謂之往右穿手。此謂左右旋轉與左右穿掌之分別也。

孫存周八卦掌概說

八卦掌，又名游身八卦連環掌。其象取於數理，立體於八卦。又以先天之氣在腎，為氣之體；以後天之氣在脾，為氣之用。效天地日月之循環，周流靡間，以達諸筋骨脈絡耳目形骸，而臻於強健靈敏之境。故靜為體，動為

用，體用一源，動靜一氣，以極簡單之形式，達極深奧之道理。其法雖有陽剛、陰柔、伸縮、旋轉之變化，不出《易》數方圓二圖之理。其式始於太極，終於八卦。中分「兩儀」「四象」「五行」。奇正相生，無不具備。斯拳之作用，在化後天不自然之力，以補先天不充足之氣。遠取諸物，效其性能而為吾用；近取諸身，藉有形之身，周流靡間，而煥發其精神。論其練法與形意、太極等方式雖若不同，而功用則一。

今就其練法言之，學者須先明「三害」，次習「九要」。左右旋轉，一奇一偶。腰為主宰，手變從爻，足變從勾股三角。換式須上下一致，圓融無礙。走步須氣脈通連，隔行不斷。進退須不拒不離，應之以中。其拳圓中寓方，內藏十八羅漢拳、七十二截腿、七十二暗腳以及點穴、劍術，互為其用。正卦含「四德」「八能」「四情」。變卦有形變、意變之別。形變易，意變難。若不動而變，不為形式所拘而變，行之以神，尤為上乘。旋轉行步須平穩，若靜水浮物，只見物行，不見水流。變換忽高、忽低、忽左、忽右；瞻之在前，忽焉在後，極變化之能事，有莫測其由之慨。

總之，雖一式之微，莫不有柔、巧、閃、展、騰、挪之妙，俱在學者，善自體會，實地修持耳。

鄭懷賢先生言

以走為本，搬攔截扣，走跟行轉。推託領帶，滾鑽爭裹，步活身靈。始於大開，收於大合，上下相隨，周身一

體。

練習八卦掌，不但要追求優美形象，更要注重它的技擊性。只有明白它的技擊含義，才能明白八卦掌的拳理，理解了拳理，它的風格特點才能突出。

張春波先生言

八卦拳用法為「搬」「攔」「截」「扣」「推」「托」「帶」「領」八字。八卦外形要猴相、龍行、虎坐、鷹翻、龜趙，八卦內形虛心、實腹，即空胸緊背，氣沉丹田也，頭頂肛提，脊骨中正。

輕靈活潑，不重拙力，走時眼看食指，不看虎口，求氣之順逆也。走轉擰翻，處處頂勁，不能鬆勁。整個在矛盾中求生活。

自己練要氣靜身隨，自然悠閒，不急不躁；表演時活潑輕靈、舒展大方、一氣呵成。什麼事一定分裏外，不能混濁不清，萬物一理，善自體會。

功夫全在走圓，此叫活步椿，比死步椿要好，不枯燥乏味，但練功則一。

技擊言：走即是攻，走即是防。三角步十字手，變化萬端。

起勢一定要西北角開始，所謂北方壬癸水也，左轉為陽，右轉為陰，即太極也。

賈保壽拳學知言

拳悟九則

一則
拳練千遍，身法自然。

一則
武術之功夫，無論是演練套路或是散打對戰，都是智慧、體能、技能的綜合體現。智慧即大腦的均衡性和靈活性，以及認識、思維、分析、判斷等綜合指揮能力；體能即機體的力量、速度、柔韌、協調、耐力、彈跳、靈活等素質；技能是指動作的熟練程度，運用得當、巧妙、自然、隨便，穩、準、整。

一則
合整。合的關鍵在於周身協調，形成合力呈現整勁。精、氣、神為內三合，手、眼、身為外三合，內外相合可練拳制敵。眼與心合，心與氣合，氣與力合，力與手合，手與腳合，腳與胯合為六合。流通四肢者為勁，剛、柔、虛、實、直、橫為六勁，以意使勁。交手時，人實我虛乘虛即實，人剛我柔乘柔即剛，所謂「逢強智取，遇弱活拿」。柔中之剛是為真剛，剛中之柔是為真柔，剛柔相濟，無虛無實，即虛即實，隨機應變。

一則

無論練任何拳種，都要講究力、速、合，力量是基礎，速度是關鍵，合整是結果。

練拳要達到合整，除達外三合、內三合外，還要講左與右合、前與後合、上與下合、內與外合、吸與呼合等，即全身各部位、系統以及意識等在動作到位的一瞬間，一起參與形成合力。

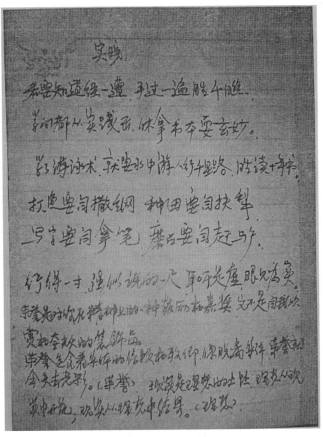

賈保壽的習拳體悟筆記

一則

套路千變萬化，技擊更是隨機應變，習武過程中要認識「人練拳」與「拳煉人」的辯證關係。

「人練拳」即所謂的「活動活動」，是為了記住訓練的方法，熟習掌握拳術知識；而「拳煉人」既能熟練掌握方法，達到隨意自然、突發靈快、得心應手、自然隨便，又能易筋、易骨、易髓。

一則

武術追求的五字訣：鬆、順、捷、準、整。

鬆，身體放鬆、心態平和、沉著冷靜；

順，動作的方向、路線和自我感覺要絲毫沒有阻擋，暢達自然，沒有一點彆扭之感；

捷，快速敏捷，自然巧妙，突發靈快；

準，規範到位，樸實無華，確到好處；

整，在動作到位的一瞬間，全身各系統都要集中用力，似迅雷不及掩耳之勢。

一則

各種勁的運用，黏、擠、靠、頂、按、壓、滾、搬、截、伸、縮、托、採、挒、扭、扣、攔、搓、展、合等勁的運用，可單獨運用，也可綜合運用，和步法身法緊密結合更能奏效；心態很重要，要保持沉著冷靜，判斷準確，做到上下配合、左右協調、內外相合、快速反應、靈活多變、準確無誤、整合到位，手到足到身到，意到力到氣到；越實踐，越順暢，越巧妙，越自然。

一則

增強腰的動作能力。腰是人體主杆，「以腰為軸，帶動四肢」，「練拳不用腰，終究藝不高」。那麼如何用腰呢？要做到三個主動，一是主動多練增強腰的動作能力，二是以腰帶動動作，三是主動以動作帶動腰動。

一則

隨著動作熟練程度的提高，要逐步體悟動作的起落、縮伸、吞吐、鬆緊、虛實、柔剛、吸呼、合整等陰陽的協調配合。

一則

一生修練，主要追求「拳無拳、意無意，無意之中是真意」。

賈保壽論五行拳

五行綜合

「五行拳」是劈拳、崩拳、鑽拳、炮拳、橫拳五拳的合稱，象徵著金、木、水、火、土五行，在鍛鍊時關係著肺、肝、腎、心、脾五臟之按摩活動。應五行相生相剋，法簡意豐，是形意的基本拳法，被稱形意拳之五綱。十二形拳由五行拳化生，故又稱五行拳為「形意母拳」。

劈拳

劈拳

劈拳屬金，是陰陽連環一氣之起落，五拳之首，形意拳之始。三體式靜為樁，一動成劈拳。劈拳似斧前下劈，起鑽落翻，性屬金，順則呼吸暢，宣導

氣血，循環無間。養肺順氣，求氣暢神足，氣和體壯。

　　步穩臂伸身縮，沉肩垂肘坐腕，指扣掌心縮，虎口要圓。合膝提肛，裹胯落臂，其勢為陽。

　　左腳在前右回身，右腳於前左轉還。

崩拳

崩拳

　　崩拳屬木，是一氣之循環往來，有如舟行浪濤之勢，又似箭出弦之向前直射之意。內應肝臟，久練則平氣舒肝，兩脅舒暢，步履輕捷。

　　練時半步打法，用時雙手握拳隨高打高，隨低打低，其勢陽勁。

　　術譜曰：「兩手出洞入洞緊隨身，兩手不離身，手腳去、快似風，疾上更加疾，打了還嫌遲。」

　　崩拳勢簡，一步一組，狸貓倒上樹一勢回身。

吳彬教授為賈保壽題字「形意拳家」

吳彬，中國武術九段，中國十大武術教授，原北京武術院院長

鑽拳

鑽拳屬水，其性曲，有隙即入，無微不至，是一氣曲曲流行。

其勁從足到腿循腹上胸，由臂而達於手，兩手撥轉上鑽，如龍突然出水，又似湧泉趵突上翻。上翻似閃，快似閃電，形似突泉，有山倒嶺塌之勢。

身體上下相隨，手足相顧，又肩、肘、手、腕橫生裹力，使人不能攻入。

取諸身內屬腎，化拙力，長真勁。

賈保壽與吳彬教授（左）合影

炮拳

炮拳 屬火，有直無曲之象，是一氣之開合。

其勁出胸膛，循臂而達於手，形似烈火炮

炮拳

彈，又似江水拍岸之勁，形最猛，性最烈。

兩手出入，穿架前衝，步徑斜曲，如龍如蚪，左右互

換，有進無退。

取諸身內屬心，虛靈心氣。

橫拳

橫拳 屬土，是一氣之聚散，出手若彈擊驟

出，「橫中有直橫中藏」，離橫諸法不行。

橫拳

舒身下氣，垂肩墜肘，其勁經胸下，循臂而達於手，

兩手出入，前衝橫撥，撐裹含蓄，周身緊勁，上下兼顧以

橫破直，圓活有力。

取諸身內為脾，養脾土，和五行。

以下為形意五行拳拳照 5 張，拍攝於 2013 年，賈保壽

時年 79 歲。

右劈拳

崩拳回身

左鑽拳

左炮拳

右外横拳

賈保壽論十二形

十二形合演

「十二形拳」是形意的基本拳法。形意依天干地支理論，去粗取精，以簡馭繁，取天干數五，五禽（雞、鷹、鮐、燕、鷂）飛在天，地支數六，六獸（虎、猴、馬、鼉、熊、蛇）走於地，飛天走地一條龍，總括十二形。格物之性能，得之於心，象形取意，立法為拳，故十二形為形意拳之目，又為萬物之綱也。

十二形分為龍形、虎形、猴形、馬形、鼉形、雞形、鷹形、熊形、鮐形、蛇形、燕形、鷂形。

拳勢形象豐富，勁力全面，極規矩又極活潑。

龍形

龍形拳

龍者，神物也。傳其開天入海，變化神速，夭矯不測，起伏轉折，返側收縱，伸縮自如，有升降之形，有蟄龍翻浪、伏龍升天之勢，抖擻之威，遊空探爪、縮骨之精。取之於拳則為龍形。

此形神發於目，威生於爪，起伏擰轉，開合托撐，束身而起，藏身而落，活潑於腰，靈通於背。柔中寓剛，轉換自如，圓活柔靈。

龍形起落、伸縮都要求足心伸縮，其勁起於承漿之穴，直下自喻口透入前心，注入丹田，至陰前高骨。升時肋骨齊舉，氣升於兩肋，骨縫極力張開，向上舉之。升有升路，降有降所，又與虎形之氣輪回相接，二形一前一後，一升一降是也。

虎形

虎形拳

虎身長大，撲食勇猛，演成虎形，即「雙推手」「雙把」「虎撲子」之謂也。

虎形之勁起於尾閭，上升於臂、手，一勇直衝。練虎形吸氣時，氣存於命門，尾閭上提，內氣便循督脈上升。呼氣時，兩手向前撲出，這一起一落，內氣便循任、督二脈一周，謂之抽坎補離，水火相交之意。

換步吸氣時，兩手抓回，拳心向上，而呼氣出擊時，兩拳變掌，撐翻而出。一吸一呼，兩手由陰變陽，由表及裏的關係，便激發了手少陰三焦的衝脈，使人體內部得到了鍛鍊。

此形包括虎撲、虎托、虎撞等式，主要體現形意勁力，是代表形意拳技擊風格、拳理拳法的典型動作招式。

猴形

猴有縱山之靈、舒臂之力，躥、踹、跳、躍，飛身恍閃，變化不測，取其能長，演為猴形。此形步法輕靈，進退有方，趨避得機，手法機敏。

猴形拳

取猴伸縮之捷、縱跳之靈、擸拿之能而為拳，左右旋轉前進，不求抓耳撓腮形似，求猴之閃展騰挪、輕靈協調。

手法有刁、拿、勾、抓、刺，力點達於手指，其勁陽剛。

練此形須齒扣目靈，鬆肩活胯，手眼相隨，手爪靈捷剛健，腰腿輕靈活潑，變化神速。要注意姿勢穩定、沉

著、連貫、完整、協調、和順，使全身靈活無滯，是在靈
巧活潑中產生力量。

馬形

馬形拳

馬有垂韁之義、抖毛之威，奔騰刨踢，有跡
蹄之功、撞山跳澗之勇，敢鬥虎豹，取之於身，
演練成拳。屬於陽剛之勁，富於衝力，有向前下栽之意，
外剛猛而內柔和，有丹田氣足之形。

起鑽兩肘裹肋擁身，整勁而上；落翻陰蓋陽打，頭領
步隨。內則為意，出於心，意定、心正、理直則拳順。練
馬形時，須垂肩擠肘，臂力充實，出拳雄勇，猛擊猛入，
爭於黍米秒忽之間，有衝陣破堅之勢。

鼉形

鼉形拳

鼉為水族中最點慧之物，與水相合一氣，有
浮水之精，分浪之巧，又有翻江倒海之勁力。

取其形為拳，發勁在腰，兩臂左右翻滾分撥，其手法
穿、翻、刁、拿，陰陽互變，浮行擒捉，輕靈沉穩，曲中
求直，能活周身筋絡，又能化身體之濁氣拙力。

練時要求以腰為軸，用腰勁帶動四肢的動作。撥掌時
要靠腰、背、膀之力，鬆肩活膀，周身協調，要體現出翻
江鼓浪之氣勢，浮水漫遊之輕靈。久練可增加腰力、橫勁。

雞形

雞形拳

雞形法雞躥跳撲啄、蹬叼捕打等身形特性，

結合武術特點，取其爭鬥之勇猛、智取之靈妙、獨立之定穩、啄米之迅準速脆、抖翎之威狠、上架報曉之當機，頭撞、肩打、胯靠、手抓、腳彈而為拳。用勾手代替雞嘴，有抓、啄、點、叉、刷，動作快速準確，快去快回，身手大開大合。

此拳能起足跟之勁，使之上升；能收頭頂之氣，使之下降；能散真勁於四肢，在腹內為陰氣初動。

其勁在於足膝，練時注意膝部發勁要脆，配合手掌之抱力，純為陰勁之功。

鷹形

鷹為猛禽，眼明爪利，有捉拿之功。其勁屬陽，力在指掌之間，經筋合一，指勁成實。

演練此形時兩目須銳敏，手之用力全在筋梢，如鷹抓兔時之形，一爪猛抓，一爪護於胸前。

捉拿要迅急沉穩，曲中求直，氣貫指梢，技擊機警勇猛，突出抓力。

鷹形拳

熊形

熊有豎頂之力、橫膀之勁、鬥虎之猛、出洞之威。

專練根節橫勁，力發於腰際，至於肩膀，裹臂拱膀，左右橫出，內要提，外要隨，內是力之源泉，外是力之作用，足是力之要，手是力之結，其勁屬陽。

熊形拳

鴿形

鴿為飛禽，有崩撞之形、豎尾之能，專練胯臀之勁。臀尾為一拳，則其有掀動力；兩臂如翅之開合，則其有煽動力；兩手滾、壓、裹有緊有鬆，足膝配合，發力在胯，其勁屬陰。

鴿形拳

蛇形

蛇歧舌修尾，曲伸盤繞，剛柔自如，蠕行甚速，遵隙即入，尤有撥草之能，挑領之絕。演練成蛇形，藏身斂氣，內剛外柔，發勁於腰，陰陽相摩，貫於周身，長於躲閃，善於進法，遵隙出入。

蛇形拳

燕形

燕屬飛禽，有鑽天之能、抄水之巧、回飛旋轉之靈。燕形起伏縱跳，有躍身之法，有輕捷之靈，有穿掌、撩掌、翻臂掌等招式。拳法多樣，可去身體之拙力，化為靈巧之勁，使上下相隨。

燕形拳

鷂形

鷂屬飛禽，有翻身之巧、穿林之妙、閃翅入林之奇、展翅之威、鑽天之能、捉物之捷。

鷂形拳

取法為拳，手法變化嚴謹，束身而起，藏身而落，側身閃展，身法圓轉柔靈。

以下為形意十二形拳照 12 張，拍攝於 2013 年，賈保壽時年 79 歲。

落灘伏龍

餓虎撲食

老猿掛印

雙馬形

遊鼉化險

金雞挑翅

鷹捉

熊膀

鮐撞

白蛇磐石

燕子鑽天

鷂子盤旋

下部功法

盤根行功

盤根解

盤者，左旋右轉、八卦纏繞之意；根者，根底之功。「天行健，地轉強，皆取盤意；木有本，水靠源，拳重根基。」盤根，即走轉盤旋之行樁，也就是人們說的「小八卦」，形意拳的「回身式」。

此功與三體式定樁相輔相成，定樁是在不動之式中養真氣、固底盤、定格局，而行樁則是在進退幻化之中練內氣、固底盤，是根基功活步樁法。譜曰：「練樁功以固其本，練盤根能動轉自如。」

宋氏形意先師宋世榮在數十年實踐中，融合內功四經、易筋、洗髓等獨傳之功法，拳道結合創此盤根行功，乃是形意八卦拳的基礎，與器械麟角雙刀相得益彰。

賈保壽演練形意八卦拳器械麟角雙刀

盤法概要

沉肩墜肘虛領頂，空胸實腹氣下沉。身具卦象，腳踏陰陽。太極撑步走三才，龍行雙曲八卦步，步息合一走圓滿，動中求靜轉八盤。八盤熟練一以貫，取坎添離法輪轉，沖和大定動靜妙，歸根復命物生焉。

【具體練法】三體樁步，走圈直徑由大到小，步子由八步到三步。走步時，提腳之腳底與地面平行，落時腳跟先著地，然後全腳掌著地；一擺一扣，腳跟先著地，然後全腳掌著地。走雙線，身法較低。氣歸丹田，舌抵上齶，步履與呼吸自然相隨。提腳時吸氣，落腳時呼氣，兩步一息為佳，轉到原地，併步無極勢收式。八個式子可以單式左右操練，也可合在一起穿插習練。

動作說明

1. 氣沉丹田

（1）起式

身體略蹲。左腳前上一小步成三體步的同時，兩臂外旋，兩掌側平舉，兩臂再內旋，兩掌從體側弧形收回至胸前後兩手握拳下按，置於腹部，拳面相對，拳心朝下。眼看前方。（圖1-1）

圖1-1

上身不動，左腳走裏圈，前上右腳走外圈。

【要點】上下要協調一致。如此反覆，向左走圈，次數自由。

（2）回身式

走至左腳在前，上身不動，上右腳，腳尖內扣，身向左轉180°。左腳上半步落在外圈，右腳即提起置於左腳踝內側。右腳不停向前邁出，走裏圈。（圖1-2～圖1-4）

【要點】其步法、呼吸仍如上，然後向右轉圈，圈數自由。

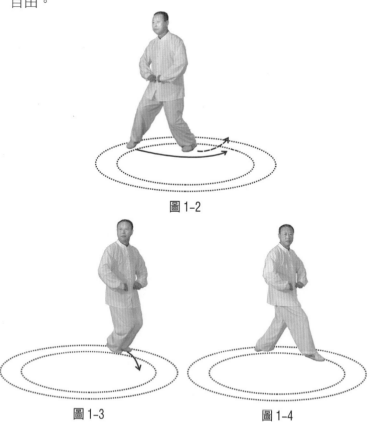

圖1-2

圖1-3　　　　　　　　　圖1-4

2.落地三盤

(1)起式

身體略蹲。身向左轉,面向圈心的同時,左腳前上一小步成三體步。同時兩小臂內旋,轉至兩手掌心朝外,向兩側斜下撐按,兩臂撐圓。眼看前方。(圖1-5)

上身不動,左腳走裏圈,前上右腳走外圈。

【要點】上下要協調一致。如此反覆,向左走圈,次數自由。

(2)回身式

走至左腳在前,上身不動,上右腳,腳尖內扣,身向左轉180°。左腳上半步落在外圈,右腳即提起置於左腳踝內側。右腳不停向前邁出,走裏圈。(圖1-6～圖1-8)

【要點】兩臂要撐圓,十指自然張開,掌心內涵,其步法、呼吸仍如上,然後向右轉圈,圈數自由。

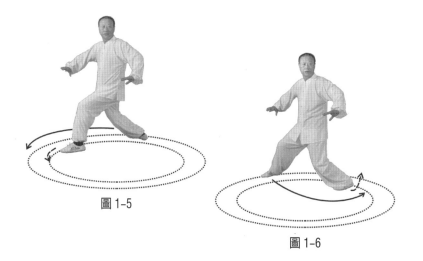

圖1-5

圖1-6

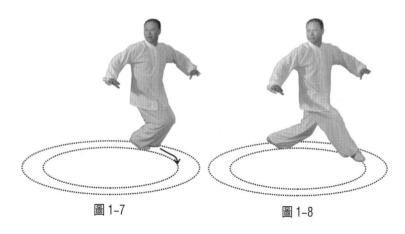

圖1-7　　　　　　　　　　圖1-8

3. 天王托塔

（1）起式

身體略蹲。身向左轉，面向圈心的同時，右腳前上一小步成三體步。同時兩小臂外旋至掌心向上，兩掌自胸前向上向前弧形托起，兩掌稍向左右分開，略比肩寬，高與肩平，十指自然分開，左掌尖指向圓心，虎口撐圓。頭微向左轉向圓心，眼看前方。（圖 1-9）

上身不動，右腳走外圈，前上左腳走裏圈。

【要點】上下要協調一致。如此反覆，向左走圈，次數自由。

圖1-9

（2）回身式

走至左腳在前，上身不動，上右腳腳尖內扣，身向左轉180°。左腳上半步落在外圈，右腳即提起置於左腳內踝側。右腳不停向前邁出，走裏圈。（圖1-10～圖1-12）

【要點】兩臂要撐圓，十指自然張開，右掌尖指向圓心，掌心內涵，其步法、呼吸仍如上，然後向右轉圈，圈數自由。

圖1-10

圖1-11　　　　　　　　圖1-12

4. 推山入海

（1）起式

身體略蹲。身向左轉，面向圈心的同時，左腳前上一小步成三體步。同時兩手握拳翻至拳心朝上，自胸前上鑽至與口同高，同時小臂內旋，兩拳變掌，掌心朝外，一齊向圈心推出，十指分開，虎口撐圓，兩虎口相對。眼看圈心。（圖1-13）

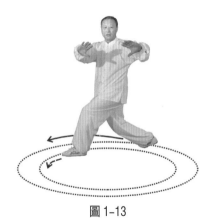

上身不動，左腳走裏圈，前上右腳走外圈。

【要點】上下要協調一致。如此反覆，向左走圈，次數自由。

圖1-13

（2）回身式

走至左腳在前，上右腳，腳尖內扣，身向左轉180°。左腳上半步落在外圈，右腳即提起置於左腳踝內側。右腳不停向前邁出，落步走裏圈。（圖1-14～圖1-16）

【要點】落腳、沉氣之同時，兩掌前塌，一步一塌，兩臂要撐圓，十指自然張開，掌心內涵。向右轉圈，圈數自由。

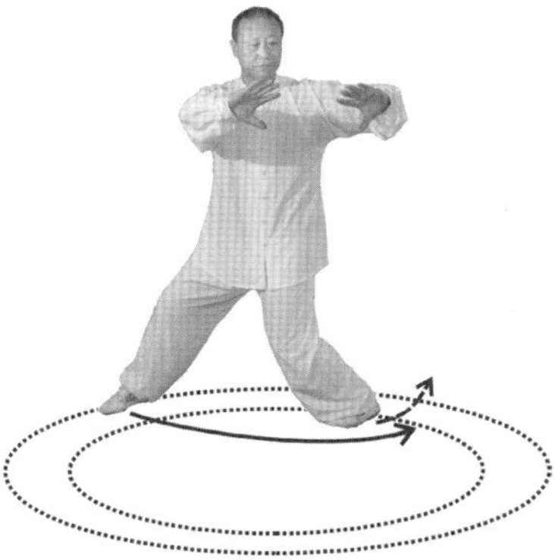

圖 1-14

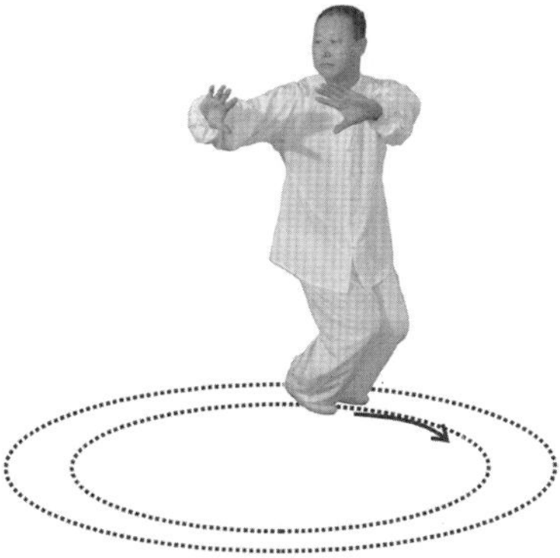

圖 1-15

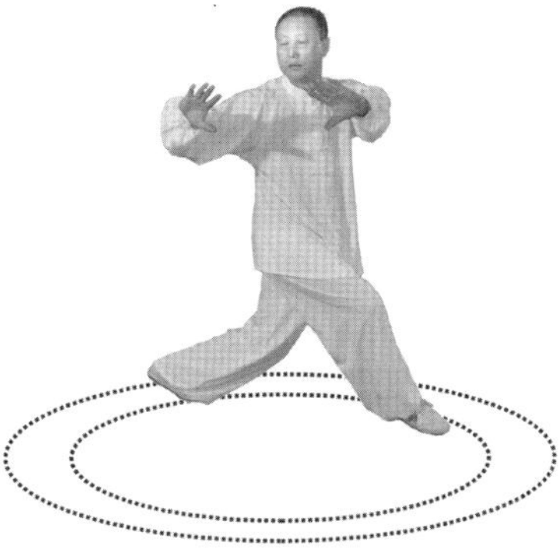

圖 1-16

5. 神龍浮水

（1）起式

身體略蹲。身向左轉，面向圈心的同時，左腳前上一小步成三體步。同時兩手握成鼉形掌沿胸前向上鑽起，右掌置於左肘下，向左轉身的同時，小臂內旋，左掌連翻帶擰，向左前方圈心撐出，左臂微屈成半圓形，掌心向外，右掌亦同時隨小臂之內旋，翻轉掌心向左下方置左肘內下

圖1-17

方。眼看左手食指（圖1-17）。

上身不動，左腳走裏圈，前上右腳走外圈，一步一換勁，變換不已。

【要點】上下要協調一致。如此反覆，向左走圈，次數自由。

（2）回身式

走至左腳在前，上右腳，腳尖內扣，身向左轉180°。左腳上半步落在外圈，身向右轉，面向圓心，右腳即提起置於左腳踝內側。同時右掌自左胳膊裏向上鑽至左肩，兩掌臂內旋，左掌翻至掌心朝右下置於右肘下。眼看右手食指。右腳不停向前邁出，落步走裏圈。（圖1-18～圖1-20）

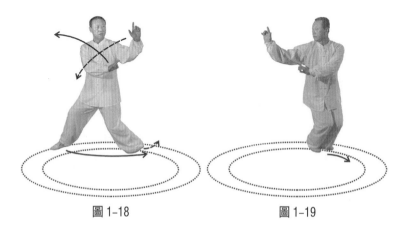

圖1-18　　　　　　　　　　圖1-19

【要點】以腰胯之旋轉帶動全身，落一步一換勁，變換不已。向右轉圈，圈數自由。

圖1-20

6. 推窗望月

（1）起式

身體略蹲。身向左轉，面向圈心的同時，左腳前上一小步成三體步。兩小臂同時外旋，翻至掌心朝上。右小臂內旋上抬，右掌邊抬邊翻至掌心向外向上，置於額前上方；同時左小臂內旋翻至左掌掌心朝左下，置於小腹左前，虎口撐圓。右掌上托，左掌外塌。眼看前方。（圖1-21）

上身不動，左腳走裏圈，前上右腳走外圈。

【要點】上下要協調一致。如此反覆，向左走圈，次數自由。

圖1-21

（2）回身式

走至左腳在前，上右腳，腳尖內扣，身向左轉180°。左腳上半步落在外圈，右腳即提起置於左腳踝內側。同時左掌上翻托，右掌向外下塌。身向右轉面向圓心，虎口撐圓，左掌向上，眼看圈心。右腳不停向前邁出，落步走裏圈。（圖1-22～圖1-24）

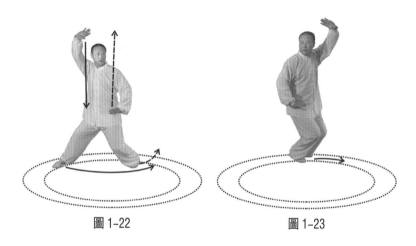

圖1-22　　　　　　　　　　　圖1-23

圖1-24

【要點】落腳、沉氣之同時，一步一塌，十指自然張開，掌心內涵。向右轉圈，圈數自由。

7.關公看書

（1）起式

身體略蹲。左腳前上一小步成三體步的同時，兩掌自胸前上鑽，鑽至中指尖高與眉齊時停住，掌心向面，眼看前方（圖 1-25）。

圖 1-25

上身不動，左腳走裏圈，前上右腳走外圈。

【要點】上下要協調一致。如此反覆，向左走圈，次數自由。

（2）回身式

走至左腳在前，上身不動，上右腳，腳尖內扣，身向左轉 180°。左腳上半步落在外圈，右腳即提起置於左腳踝內側。右腳不停向前邁出，走裏圈。（圖 1-26～圖 1-28）

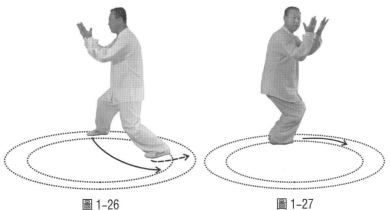

圖 1-26　　　　　　　　　　圖 1-27

【要點】其步法、呼吸仍如上，然後向右轉圈，圈數自由。

圖1-28

8. 仙人指路

（1）起式

身體略蹲。左腳前上一小步成三體步的同時，左手掌心朝裏沿胸前正中上穿，待中指尖高與眼平時，即內旋向左伸出，高與肩平，肘微屈；同時右掌向左伸出，置於左肘內下方。頭向左轉，眼看前方。（圖1-29）

上身不動，左腳走裏圈，前上右腳走外圈。

【要點】上下要協調一致。如此反覆，向左走圈，次數自由。

圖1-29

（2）回身式

走至左腳在前，上身不動，上右腳，腳尖內扣，身向左轉180°。左腳上半步落在外圈，右腳即提起置於左腳內踝側。右腳不停向前邁出，走裏圈。（圖1-30～圖1-32）

【要點】其步法、呼吸仍如上，然後向右轉圈，圈數自由。

圖1-30

圖1-31　　　　　　　　　圖1-32

形意八卦練法與訣要

　　乾坤生五行，變卦化十二形，各形歸各卦。乾坤兩卦走五行，蛇歸坎卦蛇形，燕鷂入離卦鷂形，龍虎依震卦龍形，鷹熊走艮卦熊形，鼉雞隨巽卦鳳形，猴馬接兌卦猴形。每卦八動，八八六十四手。

　　融入形意的勁力、八卦的步子、長拳的身法、太極的柔化，拳術動作入化境，更加活潑而近於武道。

乾　卦

起式

乾卦

（1）無極勢

沿著圓圈，自然直身面朝西北站立。兩足跟併攏，兩足尖自然分開。兩手於腿側下垂，手心向裏。兩眼將神定住，內無所觀，外無所視。（圖 2-1）

　　【要點】頭頂項直體放鬆，空胸腹實氣下沉。大腦排除雜念，靜中求動之象。

圖 2-1

（2）倚馬問路

右腳沿圈向前自然邁出一步，足尖微向裏扣，足後跟向外扭成半馬步。邁步的同時，兩手由體側向前向上畫弧托起，兩肘屈成半圓形，均往裏裏至肘尖下垂。右掌高不過眉，左掌在右肘裏側，仰掌自然張開。眼平看右掌食指指梢。（圖2-2）

【要點】塌腰屈腿，兩手如同抓著圓球相似，手腕極力往上挺勁，手虎口亦極力往前托，上下挺推要均停方為正勁。

（3）葉底藏花（左）

左腳向右腳前方邁進一步，足尖裏扣成倒八字步，兩腿微屈，上身右轉。同時右掌臂內旋，使小指外側向外，拇指外側向內，屈肘環抱胸前；左掌隨轉向右肋下平穿，掌心向上，屈肘環抱。頭右轉，眼看右肘。（圖2-3）

【要點】葉底藏花人難逃，化打結合變化多。

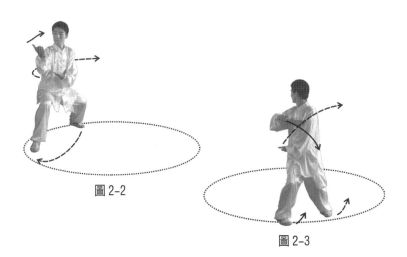

圖2-2

圖2-3

（4）鴻雁出群（左）

上身左轉。左掌從右肘下面向右腋下平穿，左掌臂內旋，從右向上向左畫圓至身體左側；同時右掌臂內旋，隨左掌轉動，向右畫弧置於腹前。眼看左掌食指。（圖2-4）

單掌前伸，後掌伏於腹前，左腳尖外展，右腳上步，逆時針左旋向左走圈。

【要點】穿掌不能掀肘，左肩左肘極力外展。走步要遵「九要」規矩，務將心氣沉住，歸於丹田，身子高矮要一律。行走時，總似鳥之束翅頻頻飛去之形，有似平水漂物，不見水流，只見物行，有安穩自然之象。

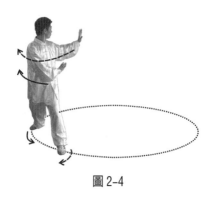

圖2-4

1. 青龍返首

（1）青龍縮尾（右）

走至左腳在前時，右腳向左腳前邁進一步，兩足成倒八字步。同時左掌臂外旋，向右大臂處擺動，使掌心向內，右掌位於腹前。身向右轉，眼看左掌。（圖2-5）

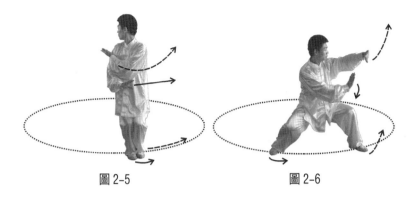

圖 2-5　　　　　　　　　　圖 2-6

【要點】臂、手的擺裹和右腿、足的合扣、腰的旋轉要協調連貫；身子微微有往下遁縮之意，是回身蓄勁的一動。動作不要造作，腰帶身行，自然圓活。

（2）青龍返首推掌式（左）

重心移至右腳之內扣步上，左腳向身體左側移步，腳尖外展，上身左轉成半馬步。同時左掌臂內旋，使拇指外側向下，從右向左上架掌，掌心向外；架掌的同時，右掌向左身後推出，掌心向外，掌指向上成立掌。眼看兩掌虎口間。（圖 2-6）

【要點】此式是以練習側面的斜推勁為主。

2. 移花接木（左）

兩腳不動，上身直起成弓步。左掌臂外旋，使掌心向上，由下向上向前極力托穿，成仰掌，肘微屈；右掌下壓於腹前，掌心向下。眼看左掌食指梢。（圖 2-7）

【要點】臂掌有撩、端、托之意，內含蓄力，掌高與頭平齊。

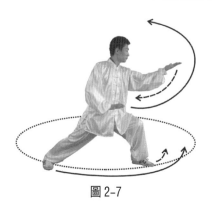

圖 2-7

3. 青龍轉身（左）

身體左轉，同時右腳扣步，兩腳尖相對成倒八字步。
扣右腳的同時右掌臂外旋，由左臂下向上向前穿出，右掌
臂隨著內旋掌心向上成托掌，在頭頂上方從右向前、向
左、向後畫一小圓；左掌隨之抽回，經腹前掌背貼著左胯
繞向背後屈肘後旋插掌，掌心向外。眼找左手，身體繼續
左轉，擺左腳，扣右腳走小圓，成倒八字步，右手下落與
左手掌心向下置於腹前。（圖 2-8 ～圖 2-9）

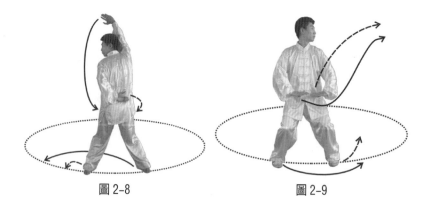

圖 2-8   圖 2-9

【要點】穿插架轉與身法步法緊密結合，動作連續不斷。

4. 右劈拳

擺左腳，腳尖外撇約45°，膝部微屈，重心移於左腿；同時右腳提起停於左腳踝內關節處，腳底與地面平行。同時左臂先外旋向前上鑽出，後內旋左掌刁手；同時右掌變拳，拳心向上收於小腹前。（圖2-9）

上動不停，兩腿略蹲。同時右拳拳心斜向上經胸前由下頦處向前上方鑽出，路線呈弧形，肘尖下垂，左掌扶於右拳內側。目視前方。（圖2-10）

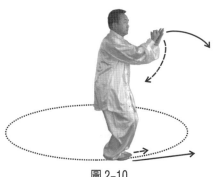

圖2-10

上動不停，右腳前進一大步（抬腳不要高），膝部微屈；左腳隨即跟進半步，屈膝略蹲，重心落於兩腿之間。同時右拳臂內旋成立拳向前下劈出，高與心口齊；左掌隨右拳下劈時順勢變拳，拳心向裏收於小腹前，左前臂緊貼左腰處。目視前方。（圖2-11）

圖2-11

【要點】鑽時要身縮體鬆，柔和順氣；劈時略伸稍緊，呼氣用力，達到快捷、突發、合整、勢穩；要反覆體悟體端、步穩、鬆緊、縮伸、吸呼、剛柔的協調配合。右拳下劈時，要與右腳落地協調一致。邁步時身體不可前探，應保持中正，一是為了讓自己的重心穩固，二是形意勁發尾閭需後坐，把勁送到前臂和前拳。

5. 併步崩拳

重心移於右腿，膝部微屈；同時左腳隨之跟進一步，左腳前置於右腳內側腳弓後面，兩腿成併步半蹲勢。同時左拳經右拳虎口上向前直線衝出，拳眼向上；左拳迅速回收停於腹部左側，拳心向裏；右前臂緊靠於腰腹部。目視左拳前方。（圖 2-12）

【要點】身正、步穩、半蹲，手到足到、拳到意到；陰陽、虛實、鬆順、吸呼、合整配合得當恰到好處，回身換勢要連貫快捷。

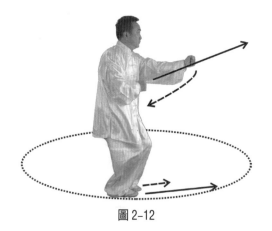

圖 2-12

6. 右鑽拳

上動略停。身體側閃，進右腳上步踏實，膝微屈。與此同時，右臂外旋，右拳經前心處由下向前上鑽出，使拳心朝上，高與口齊；左拳下搬按收伏於右肘下，拳心向下，呈順步右鑽拳式。目視右拳。（圖 2-13）

【要點】搬、挑、按、鑽要和步、身、眼神、縮伸、吸呼緊密配合，出手要突發靈快，似迅雷不及掩耳之勢。動作要連貫圓活，協調和順，完整一致，不可有先後之分。

7. 金雞撒膀（左）

右拳變掌從上由胸前屈肘下沉，叉於右腰側，拇指在後，其餘四指在前。左腳同時向後伸出，左腿伸直；右腳尖同時裏扣，右腿屈膝下蹲。左掌隨之順著左腿反臂伸出，掌心向上。頭隨著左掌向左扭轉，上身前俯，眼看左掌。（圖 2-14）

【要點】頭隨掌穿，要有幅度。

圖 2-13　　　　　　　圖 2-14

8. 移花接木（左）

左腳尖外展，上身直起，右腿伸直，左腳隨之進半步。左掌臂外旋使掌心向上，由下向上托起，成仰掌，肘微屈。眼看左掌。（圖 2-15）

【要點】臂掌有撩、端、托之意，內含蓄力，掌高與頭平齊。

換掌

（1）青龍轉身（左）

身體左轉，同時右腳上步內扣，兩腳尖相對成倒八字步。扣右腳的同時右掌臂外旋，由左臂下向上向前穿出，右掌右臂隨著內旋掌心向上成托掌，在頭頂上方從右向前、向左、向後畫一小圓；左掌隨之抽回，經腹前掌背貼著左胯繞向背後屈肘後旋插掌，掌心向外。眼找左手，擰至極處。同時左腳向右腳後倒插一步，成錯綜八字步，身體繼續以左腳掌右腳跟為軸左轉。（圖 2-16）

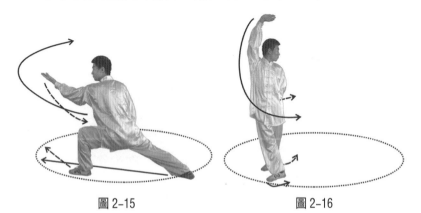

圖 2-15　　　　　　　　圖 2-16

【要點】穿插架轉與身法步法緊密結合，動作連續不斷。

（2）葉底藏花（左）

身體左轉的同時，以腰胯為旋力，上右腳，腳尖裏扣成倒八字步。同時右掌向下，左掌向上弧形從體側抄抱胸前成抱球狀。（圖 2-17）

【要點】是以掌帶動身子而再扣步。動前須欲左而先右，如寫大字逆鋒而入。

（3）鴻雁出群（右）

上身右轉。右掌從左肘下面向左腋下平穿，接著右掌臂外旋，從左向上向右畫圓至身體右側；同時左掌臂內旋，隨右掌轉動，置於腹前，兩掌成立掌。眼看右掌食指（圖 2-18）。右腳尖外展，左腳上步，順時針向右走圈。

【要點】總要上下相連，內外合成一氣。

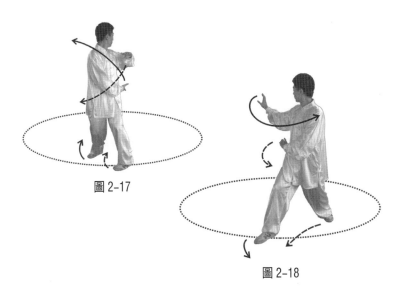

圖 2-17

圖 2-18

9. 青龍返首

（1）青龍縮尾（左）

走至右腳在前時，左腳向右腳前邁進一步，兩足成倒八字步。同時右掌臂外旋，向左大臂處擺動，使掌心向內，左掌位於腹前。身向左轉，眼看右掌。（圖2-19）

【要點】手臂的擺裏和右腿、足的合扣、腰的旋轉要協調連貫，身子微微有往下遁縮之意，是回身蓄勁的一動。動作不要造作，腰帶身行，自然圓活。

（2）青龍返首推掌式（右）

重心移至左腳之內扣步上，右腳向身體右側移步，腳尖外展，上身右轉成半馬步。同時右掌臂內旋使拇指外側向下，從左向右上架掌，掌心向外；架掌的同時左掌向右身後推出，掌心向外，掌指向上成立掌。眼看兩掌虎口間。（圖2-20）

【要點】此式是以練習側面的斜推勁為主。

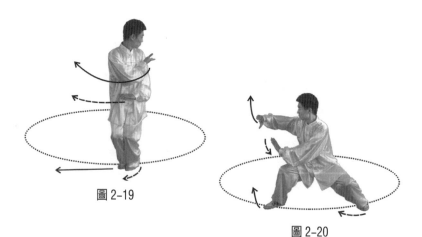

圖2-19

圖2-20

10. 移花接木（右）

　　兩腳不動，上身直起成弓步。右掌臂外旋使掌心向上，由下向上向前極力托穿，成仰掌，肘微屈；左掌下壓於腹前，掌心向下。眼看右掌食指梢。（圖 2-21）

　　【要點】臂掌有撩、端、托之意，內含蓄力，掌高與頭平齊。

11. 青龍轉身（右）

　　身體右轉，同時左腳扣步，兩腳尖相對成倒八字步。扣左腳的同時，左掌臂外旋由右臂下向上向前穿出，隨著內旋掌心向上成托掌，在頭頂上方從左向前、向右、向後畫一小圓；右掌隨之抽回，經腹前掌背貼著右胯繞向背後屈肘後旋插，掌心向外。眼找右手。身體繼續右轉，擺右腳扣左腳走小圓，成倒八字步，左手下落與右手掌心向下置於腹前。（圖 2-22）

　　【要點】穿插架轉與身法步法緊密結合，動作連續不斷。

圖 2-21　　　　　　　　　　圖 2-22

12. 左劈拳

擺右腳，腳尖外撇約 45°，膝部微屈，重心移於右腿；同時左腳提起停於右腳踝內關節處，腳底與地面平行。同時右臂先外旋向前上鑽出，後內旋右掌刁手；同時左掌變拳，拳心向上收於小腹前。（圖 2-23）

上動不停，兩腿略蹲。同時左拳拳心斜向上經胸前由下頦處向前上方鑽出，路線呈弧形，肘尖下垂，右掌扶於左拳內側。目視前方。（圖 2-24）

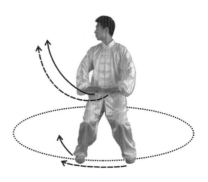

圖 2-23

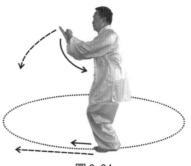

圖 2-24

　　上動不停，左腳前進一大步（抬腳不要高），膝部微屈；右腳隨即跟進半步，屈膝略蹲，重心落於兩腿之間。同時左拳臂內旋，成立拳向前下劈出，高與心口齊；右掌隨左拳下劈時順勢變拳，拳心向裏收於小腹前，右前臂緊貼右腰處。目視前方。（圖 2-25）

　　【要點】鑽時要身縮體鬆、柔和順氣，劈時略伸稍緊，呼氣用力，達到快捷、突發、合整、勢穩，要反覆體悟體端、步穩、鬆緊、縮伸、吸呼、剛柔的協調配合。左拳下劈時，要與左腳落地協調一致。

　　邁步時身體不可前探，應保持中正，一是為了讓自己的重心穩固，二是形意勁發尾閭需後坐，把勁送到前臂和前拳。

圖 2-25

13.併步崩拳

重心移於左腿，膝部微屈；同時右腳隨之跟進一步，右腳前置於左腳內側腳弓後面，兩腿成併步半蹲勢。同時右拳經左拳虎口上向前直線衝出，拳眼向上；左拳迅速回收停於腹部左側，拳心向裏，左前臂緊靠於腰腹部。目視右拳前方。（圖2-26）

【要點】身正、步穩、半蹲，手到足到、拳到意到；陰陽、虛實、鬆順、吸呼、合整配合得當恰到好處，回身換勢要連貫快捷。

圖2-26

14.左鑽拳

上動略停，身體側閃，進左腳上步踏實，膝微屈。與此同時，左臂外旋，左拳經前心處由下向前上鑽出，拳心朝上，高與口齊，臂彎約130°；右拳下搬按收，伏於左肘下，拳心向下。目視左拳，呈順步左鑽拳式。（圖2-27）

【要點】搬、挑、按、鑽要和步、身、眼神、縮伸、

吸呼緊密配合。

出手要突發，靈快似迅雷不及掩耳之勢，動作要連貫圓活，協調和順，完整一致，不可有先後之分。

15. 金雞撒膀（右）

左拳變掌從上由胸前屈肘下沉，叉於左腰側，拇指在後，其餘四指在前。右腳同時向後伸出，右腿伸直；左腳尖同時裏扣，左腿屈膝下蹲。右掌隨之順著右腿反臂伸出，掌心向上。頭隨著右掌向右扭轉，上身前俯，眼看右掌。（圖2-28）

【要點】頭隨掌穿，要有幅度，縮沉插掌要快捷有力，與頭、眼、身配合得當。

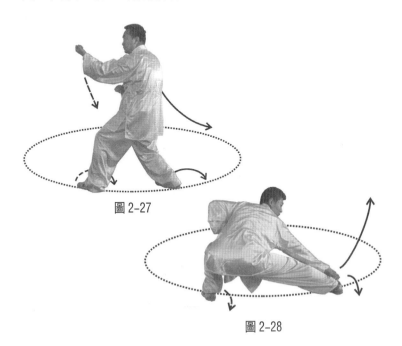

圖2-27

圖2-28

16.移花接木（右）

右腳尖外展，上身直起，左腿伸直，左腳隨之進半步。右掌臂外旋使掌心向上，由下向上托起，成仰掌，肘微屈。眼看右掌。（圖2-29）

【要點】臂掌有撩、端、托之意，內含蓄力，掌高與頭平齊。

換掌

（1）青龍轉身（右）

身體右轉，同時左腳扣步，兩腳尖相對成倒八字步。扣左腳的同時左掌臂外旋，由右臂下向上向前穿出，左掌左臂隨著內旋掌心向上成托掌，在頭頂上方從左向前、向右、向後畫一小圓；右掌隨之抽回，經腹前掌背貼著右胯繞向背後屈肘後旋插掌，掌心向外，眼找右手。擰至極處，右腳向左腳後倒插一步成錯綜八字步，身體繼續以右腳掌左腳跟為軸右轉。（圖2-30）

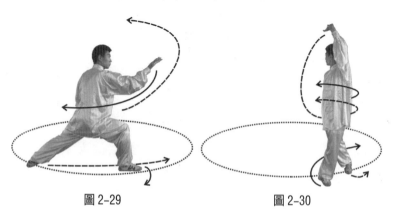

圖2-29　　　　　　　　　圖2-30

【要點】穿插架轉與身法步法緊密結合，動作連續不斷。

（2）葉底藏花（右）

身體右轉的同時，以腰胯為旋力，上左腳，腳尖裏扣成倒八字步。同時左掌向下，右掌向上弧形從體側抄抱胸前成抱球狀。（圖 2-31）

【要點】是以掌帶動身子而再扣步。動前須欲右而先左。

（3）鴻雁出群（左）

上身左轉。左掌從右肘下面向右腋下平穿，接著左掌臂內旋，從右向上向左畫圓至身體左側；同時右掌臂內旋，隨左掌轉動，置於腹前，兩掌成立掌。眼看左掌食指。（圖 2-32）

左腳尖外展，右腳上步，逆時針向左走圈。

【要點】總要上下相連，內外合成一氣。

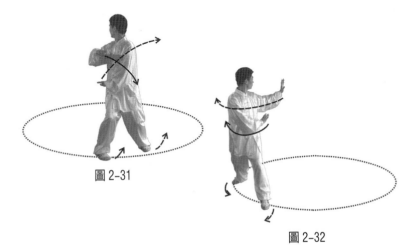

圖 2-31

圖 2-32

坤 卦

1. 麒麟吐書（左）

坤卦

走至左腳在前時，右腳向左腳前邁進一步，腳尖裏扣，兩足成倒八字步。在右腳扣步的同時，左掌順勢立掌向右大臂處扣掌，使掌心向裏，右掌位於腹前。頭向右轉，眼看左掌。（圖 2-33）

左腳向身體左側移步，腳尖外展，上身左轉。同時左掌臂外旋翻掌向左上方插掌，掌心向上，右掌俯掌順勢置於左肘內側。眼看左掌虎口間。（圖 2-34）

【要點】扣手扣腳柔和協調，轉落插挫要連貫有力。

圖 2-33

圖 2-34

2. 移花接木（左）

兩腳不動，上身直起成弓步。左掌臂外旋使掌心向上，由下向上向前極力托穿，成仰掌，肘微屈；右掌下壓於腹前，掌心向下。眼看左掌食指梢。（圖 2-35）

【要點】臂掌有撩、端、托之意，內含蓄力，掌高與頭平齊。

3. 麒麟轉身（左）

身體左轉，同時右腳扣步，兩腳尖相對成倒八字步。扣右腳的同時右掌臂外旋，由左臂下向上向前穿出，隨著內旋掌心向上成托掌，在頭頂上方從右向前、向左、向後畫一小圓；左掌隨之抽回，經腹前掌背貼著左胯繞向背後屈肘後旋插掌，掌心向外。眼找左手。身體繼續左轉，擺左腳扣右腳走小圓，成倒八字步，右手下落與左手掌心向下置於腹前。（圖 2-36）

【要點】扣步轉身要靈活。

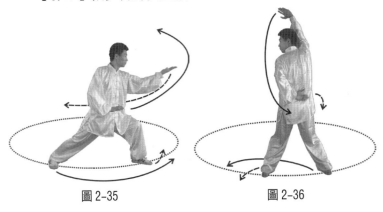

圖 2-35　　　　　　　　圖 2-36

4.右炮拳

　　繼續擺左腳，扣右腳走小圓的同時，兩手交叉張開，左掌向左畫弧，右掌向右畫弧。待下落後，右掌變拳，擊打左掌掌心。目視左前方。（圖 2-37）

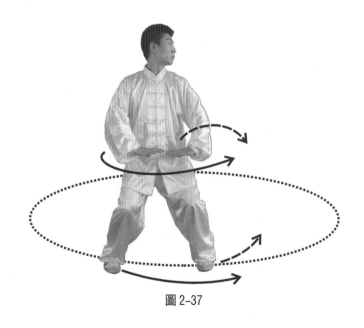

圖 2-37

　　左腳向左前方斜進一步，右腳隨之跟進半步，重心偏左腿。同時左拳經胸前、面前向上鑽翻，由拳心向裏轉為拳心向外，停於頭部左側眉後耳前，拳心朝外；右拳由腹部順左前 45°方向崩出，拳眼朝上，拳高與胸齊，眼看右拳。（圖 2-38、圖 2-39）

　　【要點】出腿、轉腰、送肩、旋架要連貫緊湊，向左

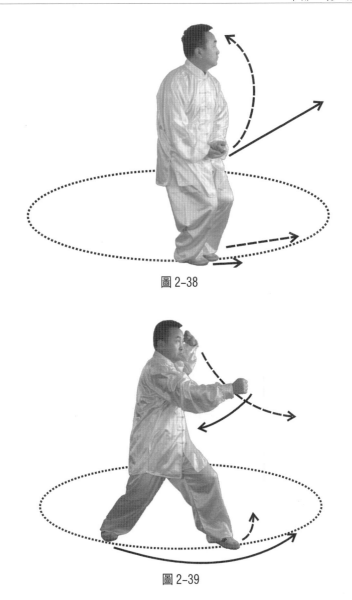

圖 2-38

圖 2-39

前 45°方向出擊與縮伸、吸呼、發力合整要密切配合，動作
要快速火爆。

5. 左裏橫拳

上動不停，右腳經左腳內側踝關節處向右前邁一大步，足尖向前；隨之左腳向前跟進半步，足尖也向前。同時左臂外旋，拳經胸前與右臂相交向前擰轉衝出，拳心轉向上，高與心口齊。肘部微屈成弧形，右拳同時回撤，臂內旋使拳心翻向下停於肘側。目視左拳。（圖2-40）

【要點】步法伸縮、開合、吸呼要與上肢的衝、橫、擰、裏、搬連貫緊密，準確合整，靈快突發。

6. 右外橫拳

接上式，右拳經左臂下方向前衝出，同時臂外旋，擰轉至拳心向上，高與胸平，肘部微屈；左拳回收擰按落於腹處，拳心向下。目視右拳。（圖2-41）

【要點】步法伸縮、開合、吸呼要與上肢的衝、橫、擰、裏、搬連貫緊密，準確合整，靈快突發。

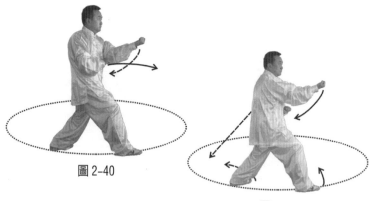

圖2-40

圖2-41

7. 金雞撒膀（左）

右拳變掌由胸前屈肘下沉，叉於右腰側，拇指在後，其餘四指在前。左腳同時向後伸出，左腿伸直；右腳尖同時裏扣，右腿屈膝下蹲。左掌隨之順著左腿反臂伸出，掌心向上。頭隨著左掌向左扭轉，上身前俯，眼看左掌。（圖 2-42）

【要點】頭隨掌穿，要有幅度，縮沉插掌要快捷有力，與頭眼身配合得當。

8. 移花接木（左）

左腳尖外展，上身直起，右腿伸直，右腳隨之進半步。左掌臂外旋使掌心向上，由下向上托起，成仰掌，肘微屈。眼看左掌。（圖 2-43）

【要點】左掌高與頭平齊。臂掌有撩、端、托之意，內含蓄力，掌高與頭平齊。

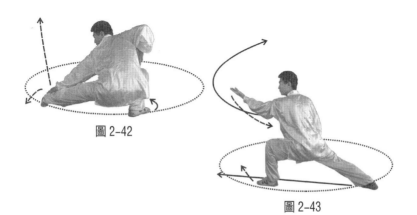

圖 2-42

圖 2-43

換掌

（1）青龍轉身（左）

身體左轉，同時右腳扣步，兩腳尖相對成倒八字步。扣右腳的同時右掌臂外旋，由左臂下向上向前穿出，同時隨著內旋掌心向上成托掌，在頭頂上方從右向前、向左、向後畫一小圓；左掌隨之抽回，經腹前掌背貼著左胯繞向背後屈肘後旋插，掌心向外，眼找左手。擰至極處，左腳向右腳後倒插一步成錯綜八字步，身體繼續以左腳掌右腳跟為軸左轉。（圖2-44）

【要點】穿插架轉與身法步法緊密結合，動作連續不斷。

（2）葉底藏花（左）

身體左轉的同時，以腰胯為旋力，上右腳，腳尖裏扣成倒八字步。同時右掌向下，左掌向上弧形從體側抄抱胸前成抱球狀。（圖2-45）

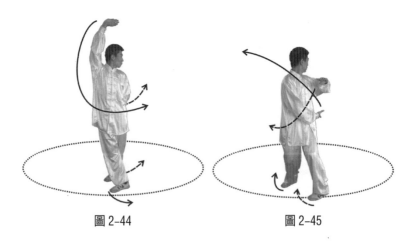

圖2-44　　　　　　　　圖2-45

【要點】是以掌帶動身子而再扣步。動前須欲左而先右。

（3）鴻雁出群（右）

上身右轉。右掌從左肘下面向左腋下平穿，右掌臂內旋，從左向上向右畫圓至身體右側；同時左掌臂內旋，隨右掌轉動，置於腹前，兩掌成立掌。眼看右掌食指。（圖2-46）

左腳尖外展，右腳上步，順時針向右走圈。

【要點】總要上下相連，內外合成一氣。

9.麒麟吐書（右）

走至右腳在前時，左腳向右腳前邁進一步，腳尖裏扣，兩足成倒八字步。在左腳扣步的同時右掌順勢立掌向左大臂處扣掌，使掌心向外，左掌位於腹前。頭向左轉，眼看右掌。（圖2-47）

右腳向身體右側移步，腳尖外展，上身右轉。同時右掌臂外旋翻掌向右上方插掌，掌心向上，左掌俯掌順勢置

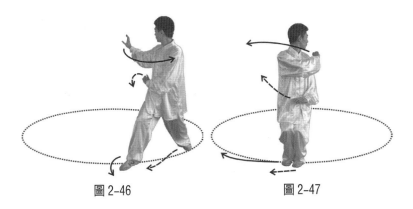

圖2-46　　　　　　　　圖2-47

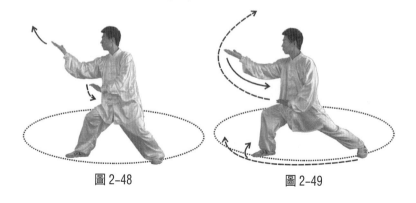

圖 2-48　　　　　　　　　　圖 2-49

於右肘內側。眼看右掌虎口間。（圖 2-48）

　　【要點】扣手扣腳柔和協調，轉、落、插、挫要連貫有力。

10. 移花接木（右）

　　兩腳不動，上身直起成弓步。右掌臂外旋使掌心向上，由下向上托起，成仰掌，肘微屈；左掌下壓於腹前，掌心向下。眼看右掌。（圖 2-49）

　　【要點】臂掌有撩、端、托之意，內含蓄力，掌高與頭平齊。

11. 麒麟轉身（右）

　　身體右轉，同時左腳扣步，兩腳尖相對成倒八字步。扣左腳的同時左掌臂外旋，由右臂下向上向前穿出，隨著內旋掌心向上成托掌，在頭頂上方從左向前、向右、向後畫一小圓；右掌隨之抽回，經腹前掌背貼著右胯繞向背後屈肘後旋插掌，掌心向外。眼找右手。

身體繼續右轉，擺右腳扣左腳走小圓，成倒八字步，左手下落與右手掌心向下置於腹前。（圖 2-50）

【要點】扣步轉身要靈活。

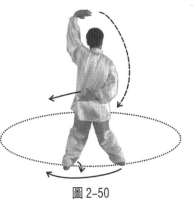

圖 2-50

12. 左炮拳

繼續擺右腳，扣左腳走小圓。同時，兩手交叉張開，右掌向右畫弧，左掌向左畫弧，待下落後左掌變拳，擊打右掌掌心。目視右前方。（圖 2-51）

右腳向右前方斜進一步，左腳隨之跟進半步，重心偏右腿。同時右掌經胸前，向前向上鑽翻，由掌心向裏轉為掌心向外，停於頭部右側眉後耳前，掌心朝外；左掌由腹部順右前 45°方向崩出，掌心朝外，掌高與胸齊。眼看拳。

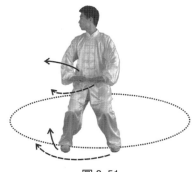

圖 2-51

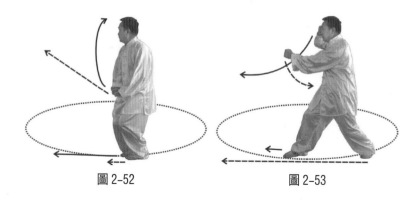

圖 2-52　　　　　　　　圖 2-53

（圖 2-52、圖 2-53）

【要點】出腿、轉腰、送肩、旋架要連貫緊湊，向右前 45°方向出擊與縮伸、吸呼、發力、合整要密切配合，動作要快速火爆。

13.右裏橫拳

上動不停，左腳經右腳內側踝關節處向左前邁一大步，足尖向前，隨之右腳向前跟進半步，足尖也向前。同時右臂外旋，拳經胸前與左臂相交向前擰轉衝出，拳心轉向上，高與心口齊，肘部微屈成弧形；左拳同時回撤，臂內旋使拳心翻向下停於肘側。目視右拳。（圖 2-54）

圖 2-54

【要點】步法伸縮、開合、吸呼要與上肢的衝、橫、擰、裏、搬連貫緊密，準確合整、靈快突發。

14. 左外橫拳

接上式，左拳經右臂下方向前衝出，同時臂外旋擰轉至拳心向上，拳高與胸平，肘部微屈；右拳回收擰按於腹處，拳心向下。目視左拳。（圖 2-55）

【要點】步法伸縮、開合、吸呼要與上肢的衝、橫、擰、裹、搬連貫緊密，準確合整、靈快突發。

15. 金雞撒膀（右）

左拳變掌從上由胸前屈肘下沉，叉於左腰側，拇指在後，其餘四指在前。右腳同時向後伸出，右腿伸直；左腳尖同時裹扣，左腿屈膝下蹲。右掌隨之順著右腿反臂伸出，掌心反向上。頭隨著右掌向右扭轉，上身前俯，眼看右掌。（圖 2-56）

【要點】頭隨掌穿，要有幅度，縮沉插掌要快捷有力，與頭、眼、身配合得當。

圖 2-55

圖 2-56

16.移花接木（右）

右腳尖外展，上身直起，左腿伸直，左腳隨之進半步。右掌臂外旋使掌心向上，由下向上托起，成仰掌，肘微屈。眼看右掌。（圖 2-57）

【要點】臂掌有撩、端、托之意，內含蓄力，掌高與頭平齊。

換掌

（1）青龍轉身（右）

身體右轉，同時左腳扣步，兩腳尖相對成倒八字步。扣左腳的同時左掌臂外旋，由右臂下向上向前穿出，隨著內旋掌心向上成托掌，在頭頂上方從左向前、向右、向後畫一小圓；右掌隨之抽回，經腹前掌背貼著右胯繞向背後屈肘後旋插掌，掌心向外。眼找右手。擰至極處，右腳向左腳後倒插一步成錯綜八字步，身體繼續以右腳掌左腳跟為軸右轉。（圖 2-58）

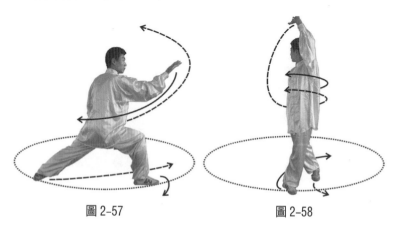

圖 2-57　　　　　　圖 2-58

【要點】穿插架轉與身法步法緊密結合，動作連續不斷。

（2）葉底藏花（右）

身體右轉的同時，以腰胯為旋力，上左腳，腳尖裏扣成倒八字步。同時左掌向下，右掌向上以弧形從體側抄抱胸前成抱球狀。（圖2-59）

【要點】以掌帶動身子而再扣步，動前須欲右而先左。

（3）鴻雁出群（左）

上身左轉。左掌從右肘下面向右腋下平穿，左掌臂內旋從右向上向左畫圓至身體左側；同時右掌臂內旋，隨左掌轉動，置於左肘裏側，兩掌成立掌。眼看左掌食指。（圖2-60）

左腳尖外展，右腳上步，逆時針向左走圈。

【要點】總要上下相連，內外合成一氣。

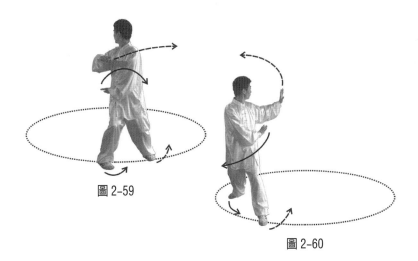

圖2-59

圖2-60

坎 卦

坎卦

1. 順勢掌

（1）白蛇吐信（左）

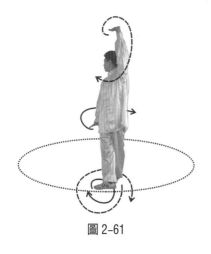

圖 2-61

鴻雁出群左旋，走至左腳在前時，左掌臂外旋順勢向右後旋擰至頭上，掌心斜向上。同時右腳上步腳尖外擺，與左足成錯綜八字步。身體右轉，右掌位於左肋處。頭向右轉，眼看左掌。（圖 2-61）

【要點】左手如蛇信極力向上伸出。

（2）白蛇纏身（左）

扣左腳，擺右腳，再扣左腳，兩足成倒八字步。走小圓的同時左掌落下屈回肘向外，胳膊如半月形，手自頭上往右肩落下。腰如擰繩子相似，左手在右肩前，左胳膊在上；右臂靠住身子，右手置於左腋下，掌心斜向下。微停，外形似合，腹內略有空虛之意，不可有一物潛在心中。（圖 2-62）

圖 2-62

【要點】如雙頭蛇纏身之象，左掌臂用力向上托伸，上身隨之伸展，以左掌臂為軸心，身體隨之向右後連續不斷走一小圓。

2. 白蛇伏草（右）

隨即將右足向右側分開一大步落下，腳尖微裏扣，與左足成半斜步。同時左手向左下畫弧，從右肩前下扣；右手向右下畫弧，兩臂成半月形外撐分開。腰塌住勁。（圖2-63）

【要點】伏草為靜勢，不動如山，隨步身到位的瞬間，身體向下落沉呼氣的同時，雙掌向左右兩側用力分撐。

圖 2-63

3. 撥草尋蛇（左）

身體微向右轉，右足向前進一小步。兩手臂外旋，兩手翻掌外撥至掌心向內。同時左腳向前正踢，腳尖裏勾。左腳向後伸出，同時右掌從上由胸前屈肘下沉，叉於右腰側，拇指在後，其餘四指在前。右腳尖同時裏扣，右腿屈

膝下蹲。左掌隨之順著左腿反臂伸出，掌心向上。頭隨著左掌向後扭轉，上身前俯，眼看左掌。（圖2-64、圖2-65）

【要點】踢腿時要求幅度、力度、速度，仆步反手穿要求姿勢低，手要貼近大腿內側。

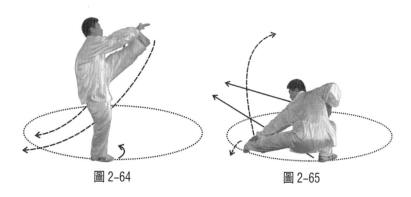

圖2-64　　　　　　　　圖2-65

4. 龍舞蛇盤

身體繼續左轉，左足向前進一小步，左手臂內旋上架，掌心向外；右手掌心向下向左上平插掌。同時右腳向前左彈踢，腳面繃直，眼看右掌。（圖2-66）

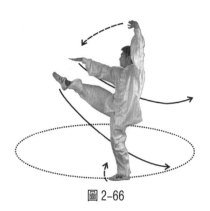

圖2-66

右腳下落後撤一步，左腳向右後上步，身體右後轉180°。同時兩臂下落，兩掌順勢由左向下、向右、向上、向右後畫立圓。擺右腳，兩腿屈膝下蹲成右歇步式的同時，右臂屈肘上抬，左掌順右肩腋處向下插，至右膝旁，掌心向右，右掌收於左肩側，沉肩垂肘，掌心向左。目視左前方。（圖 2-67～圖 2-69）

【要點】翻腰後轉頭要後仰，兩臂畫立圓。

圖 2-67

圖 2-68

圖 2-69

5. 左蛇形把式

上動不停，左腳向左前邁一大步，右腳隨之跟進半步，兩腿屈蹲成三體步。同時左臂直掌向左前撩撥，虎口斜向上，掌心向右，高與腰平；右掌下落收於右胯旁，掌心向下。目視左前方。（圖 2-70）

【要點】撥插、縮蹲、蹬伸、撩撥，要連貫、快速、突發，有蹲猴縮展和內外合一之意。

6. 右鮐形

左腳向前墊步，右腳隨之提至左腿側，緊靠在左腳踝關節處，腳尖上翹。同時兩掌邊外旋，在胸前左右分開，畫一整圓，握拳收至腰部兩側，拳心均向上，眼向右前方平視。（圖 2-71）

右腳向右前方進一步，左腳隨之跟進半步，膝部微屈，重心偏於左腿。同時兩臂微屈，兩小臂緊貼胯，兩拳

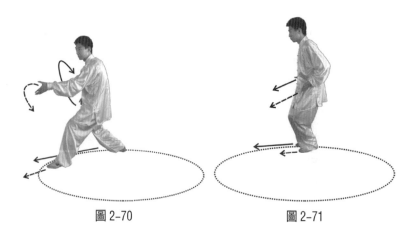

圖 2-70　　　　　　　　圖 2-71

由腰部直向前下衝出，兩拳自然分開，拳心向上。目視前方。（圖 2-72）

【要點】兩臂要緊靠胯部，兩肩要沉，腰要塌。腕部與拳心要保持平直，不可上翹或下彎。鴕形伸、開、吸，分、抓、縮，合、呼，滾、壓、擊，要在整合，勁在胯臂裏撞。

7. 金雞撒膀（左）

右掌從上由胸前屈肘下沉，叉於右腰側，拇指在後，其餘四指在前。左腳同時向後伸出，左腿伸直；右腳尖同時裏扣，右腿屈膝下蹲。左掌隨之順著左腿反臂伸出，掌心向上。頭隨著左掌向左扭轉，上身前俯，眼看左掌。（圖 2-73）

【要點】頭隨掌穿，要有幅度，縮沉插掌要快捷有力，與頭眼身配合得當。

圖 2-72

圖 2-73

8.移花接木（左）

左腳尖外展，上身直起，右腿伸直，右腳隨之進半步。左掌臂外旋使掌心向上，由下向上托起，成仰掌，肘微屈。眼看左掌。（圖2-74）

【要點】臂掌有撩、端、托之意，內含蓄力，掌高與頭平齊。

換掌

（1）青龍轉身（左）

身體左轉，同時右腳扣步，兩腳尖相對成倒八字步。扣右腳的同時右掌臂外旋，由左臂下向上向前穿出，隨著內旋掌心向上成托掌，在頭頂上方從右向前、向左、向後畫一小圓；左掌隨之抽回，經腹前掌背貼著左胯繞向背後屈肘後旋插掌，掌心向外。眼找左手。擰至極處，同時左腳向右腳後倒插一步成錯綜八字步，身體繼續以左腳掌右腳跟為軸左轉。（圖2-75）

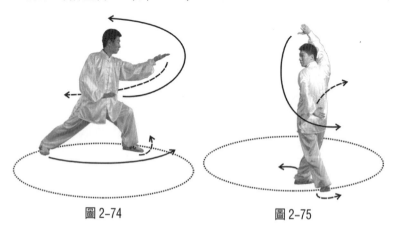

圖2-74　　　　　圖2-75

【要點】穿插、架轉與身法、步法緊密結合，動作連續不斷。

（2）葉底藏花（左）

身體左轉的同時，以腰胯為旋力，上右腳，腳尖裏扣成倒八字步。同時右掌向下，左掌向上弧形從體側抄抱胸前成抱球狀。（圖 2-76）

【要點】是以掌帶動身子而再扣步。動前須欲左而先右，如寫大字逆鋒而入。

（3）鴻雁出群（右）

上身右轉。右掌從左肘下面向左腋下平穿，右掌臂內旋從左向上向右畫圓至身體右側；同時左掌臂內旋，隨右掌轉動，置於右肘裏側，兩掌成立掌。眼看右掌食指。（圖 2-77）

右腳尖外展，左腳上步，順時針向右走圈。

【要點】總要上下相連，內外合成一氣。

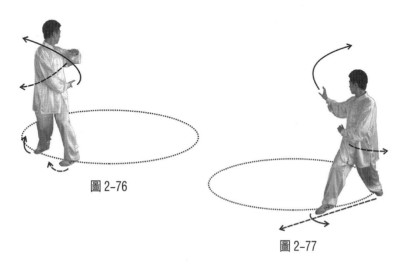

圖 2-76

圖 2-77

9. 順勢掌

（1）白蛇吐信（右）

鴻雁出群右轉，走至右腳在前時，右掌臂外旋，順勢向左後旋擰至頭上，掌心斜向上。同時左腳上步腳尖外擺，與右足成錯綜八字步。身體左轉，左掌位於腹前。頭向左轉，眼看右掌。（圖 2-78）

【要點】右手如蛇信極力向上伸出。

（2）白蛇纏身（右）

扣右腳，擺左腳，再扣右腳，兩足成倒八字步。走小圓的同時右掌落下屈回肘向外，胳膊如半月形。右手自頭上往左肩落下，腰如擰繩子相似，右手在左肩前，右胳膊在上；左臂靠住身子，左手置於右腋下，掌心斜向下。微停，外形似合，腹內略有空虛之意，不可有一物潛在心中。（圖 2-79）

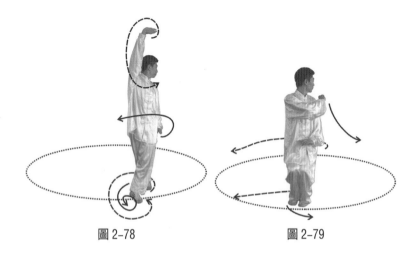

圖 2-78　　　　　　　　　　　圖 2-79

【要點】如雙頭蛇纏身之象，左掌臂用力向上托伸，上身隨之伸展，以左掌臂為軸心，身體隨之向右後連續不斷走一小圓。

10.白蛇伏草（左）

隨即將左足向左側分開一大步落下，腳尖微裏扣，與右足成半斜步。同時右手向右下畫弧，從左肩前下扣；左手向左下畫弧，兩臂成半月形外撐分開，腰塌住勁。（圖2-80）

【要點】伏草為靜勢，不動如山，隨步身到位的瞬間，身體向下落沉呼氣的同時，雙掌向左右兩側用力分撐。

11. 撥草尋蛇（右）

身體微向左轉，左足向前進一小步。兩手臂外旋，兩手翻掌外撥至掌心向內。同時右腳向前正踢，腳尖裏勾。（圖2-81）

圖2-80　　　　　　　　　　圖2-81

右腳向後伸出，同時左掌從上由胸前屈肘下沉，叉於左腰側，拇指在後，其餘四指在前。左腳尖同時裏扣，左腿屈膝下蹲。右掌隨之順著右腿反臂伸出，掌心向上。頭隨著右掌向後扭轉，上身前俯，眼看右掌。（圖 2-82）

【要點】踢腿時要求幅度、力度、速度，仆步反手穿要求姿勢低，手要貼近大腿內側。

圖 2-82

12. 龍舞蛇盤

身體繼續右轉，右足向前進一小步，右手臂內旋上架，掌心向外；左手掌心向下，向右上平插掌。同時左腳向右前彈踢，腳面繃直。眼看左掌。（圖 2-83）

圖 2-83

　　左腳下落後撤一步，右腳向左後上步，身體左後轉
180°，同時兩臂下落，兩掌順勢由右向下、向左、向上、
向左後畫立圓。擺左腳兩腿屈膝下蹲成左歇步式的同時，
左臂屈肘上抬。右掌順左肩腋處向下插，至左膝旁，掌心
向左；左掌收於右肩側，沉肩垂肘，掌心向右。目視右前
方。（圖 2-84～圖 2-86）

　　【要點】翻腰後轉頭要後仰，兩臂畫立圓。

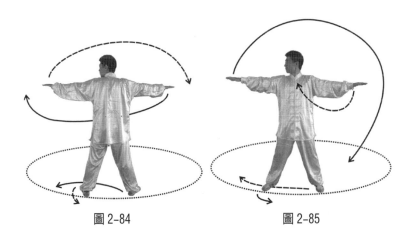

圖 2-84　　　　　　　　　　圖 2-85

圖 2-86

13. 右蛇形把式

上動不停，右腳向右前邁一大步，左腳隨之跟進半步，兩腿屈蹲成三體步。同時右臂直掌向右前撩撥，虎口斜向上，掌心向左，高與腰平；左掌下落收於左胯旁，掌心向下。目視右前方。（圖 2-87）

【要點】撥插、縮蹲、蹬伸、撩撥，要連貫、快速、突發，有蹲猴縮展和內外合一之意。

14. 左鮎形

右腳向前墊步，左腳隨之提至右腿內側，緊靠在右腳踝關節處，腳尖上翹。同時兩掌邊外旋，在胸前左右分開，畫一整圓，握拳收至腰部兩側，拳心均向上。眼向左前方平視。（圖 2-88）

左腳向左前方進一步，右腳隨之跟進半步，膝部微屈，重心偏於右腿。同時兩臂微屈，兩小臂緊貼兩胯，兩

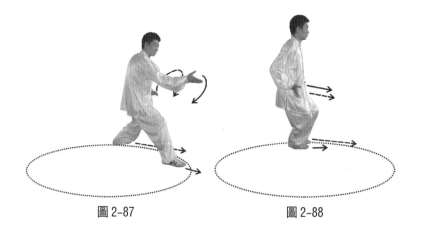

圖 2-87　　　　　　　　　圖 2-88

拳由腰部直向前下衝出，兩拳自然分開，拳心向上，目視
前方。（圖 2-89）

【要點】兩臂要緊靠胯部，兩肩要沉，腰要塌。腕部
與拳心要保持平直，不可上翹或下彎。鮎形伸、開、吸，
分、抓、縮，合、呼，滾、壓、擊，要在整合，勁在胯臂
裏撞。

15. 金雞撒膀（右）

左拳變掌從上由胸前屈肘下沉，叉於左腰側，拇指在
後，其餘四指在前。右腳同時向後伸出，右腿伸直；左腳
尖同時裏扣，左腿屈膝下蹲。右掌隨之順著右腿反臂伸
出，掌心向上。頭隨著右掌向右扭轉，上身前俯，眼看右
掌。（圖 2-90）

【要點】頭隨掌穿，要有幅度，縮沉插掌要快捷有
力，與頭眼身配合得當。

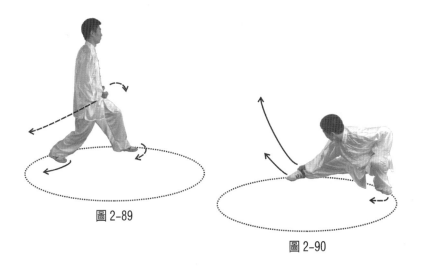

圖 2-89

圖 2-90

16. 移花接木（右）

右腳尖外展，上身直起，左腿伸直，左腳隨之進半步。右掌臂外旋使掌心向上，由下向上托起，成仰掌，肘微屈。眼看右掌。（圖 2-91）

【要點】臂掌有撩、端、托之意，內含蓄力，掌高與頭平齊。

換掌

（1）青龍轉身（右）

身體右轉，同時左腳扣步，兩腳尖相對成倒八字步。扣左腳的同時左掌臂外旋，由右臂下向上向前穿出，隨著內旋掌心向上成托掌，在頭頂上方從左向前、向右、向後畫一小圓；右掌隨之抽回，經腹前掌背貼著右胯繞向背後屈肘後旋插掌，掌心向外，眼找右手。撐至極處，同時右腳向左腳後倒插一步成錯綜八字步，身體繼續以右腳掌左腳跟為軸右轉。（圖 2-92）

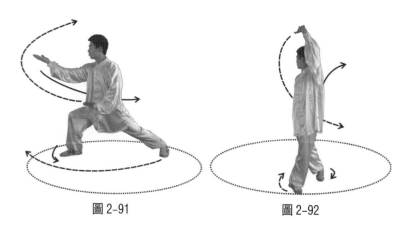

圖 2-91　　　　　　　　圖 2-92

【要點】穿插、架轉與身法、步法緊密結合，動作連續不斷。

（2）葉底藏花（右）

身體右轉的同時，以腰胯為旋力，上左腳，腳尖裏扣成倒八字步。同時左掌向下，右掌向上弧形從體側抄抱胸前成抱球狀。（圖 2-93）

【要點】是以掌帶動身子而再扣步。動前須欲右而先左。

（3）鴻雁出群（左）

上身左轉。左掌從右肘下面向右腋下平穿，左掌臂內旋從右向上向左畫圓至身體左側；同時右掌臂內旋，隨左掌轉動，置於腹前，兩掌成立掌。眼看左掌食指。（圖 2-94）

左腳尖外展，右腳上步，逆時針向左走圈。

【要點】總要上下相連，內外合成一氣。

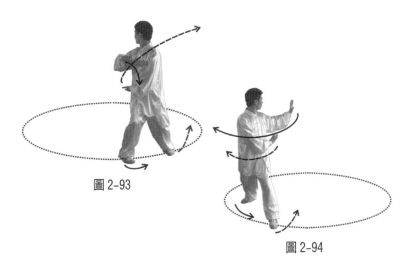

圖 2-93

圖 2-94

離 卦

離卦

1. 青龍縮尾（右）

走至左腳在前時，右腳向左腳前邁進一步，兩足成倒八字步。同時左掌臂外旋，向右大臂處擺動，使掌心向內，右掌位於腹前。頭向右轉，眼看左掌。（圖2-95）

【要點】臂手的擺裹和右腿、足的合扣、腰的旋轉要協調連貫。身子微微有往下遁縮之意，是回身蓄勁的一動。動作不要造作，腰帶身行，自然圓活。

2. 青龍返首推掌式（左）

右腳內扣，重心移至右腳之內扣步上；左腳向身體左側移步，腳尖外展，上身左轉成半馬步。同時左掌臂內旋使拇指外側向下，從右向左架掌，掌心向外；架掌的同時右掌向左身後推出，掌心向外，掌指向上成立掌。眼看兩掌虎口間。（圖2-96）

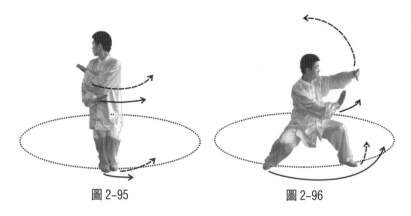

圖2-95　　　　　　　圖2-96

【要點】身子微微有往下遁縮之意，是回身蓄勁的一動。

3.鷂子轉身（左）

左腳尖外擺，右足上前扣步，與左足尖相對成倒八字步，同時右手自左肘下向外平直穿出，掌心向下。（圖2-97）

上動不停，身體繼續左轉，擺左腳，扣右腳。右掌右臂隨著內旋掌心向上成托掌，在頭頂上方從右向前、向左、向後畫一小圓；左掌隨之抽回，經腹前掌背貼著左胯繞向背後，屈肘後旋插掌，掌心向外。眼找左手。（圖2-98）

【要點】扣步轉身要靈活。

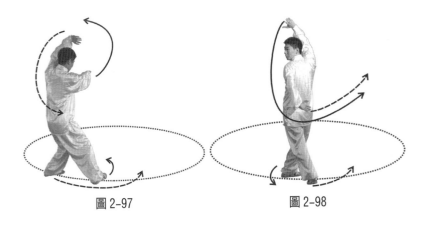

圖2-97　　　　　　　　圖2-98

4.燕子穿簾（右）

擰至極處，身體左轉，左腳進一小步，左腿前弓；右腿後蹬成左弓步，上體略向前傾。左掌臂外旋，左掌向左

前伸，掌心向上；同時右臂下落直掌前伸，置於左掌下方，兩臂微屈。目視前方。（圖2-99）

上動不停，兩足以足跟為軸，足尖向右擺，身體略向右轉，右腿屈膝半蹲。同時兩掌左下右上分開，左掌臂內旋向左側撐托，右臂內旋屈肘上架於頭部右上方，掌心均向外。目隨右掌。（圖2-100）

右掌繼續向右、向下、向左、貼地向上走一大圓。上體微左轉，左腳尖外展向前；右腳隨右掌左抄時收回至左腳踝內側，兩腿半蹲。右掌上托，左掌心向下停於左胯側。目視右手。（圖2-101）

圖2-99　　　　　　　　圖2-100

圖2-101

上式不停，右腳向前進一步成半馬步，同時右掌臂外旋，左掌內裹至胸前，左掌臂外旋與右掌臂胸前交叉，左臂在外，右臂在內。目視右方。兩掌臂內旋，左掌向頭左上架，右掌向右下方托撐，高與肩齊，掌心向外。目視右手。（圖2-102）

【要點】弓步變仆步即穿插、托撐、旋架，要突發靈快，幅度大；右掌穿托要貼近地面，靠近左腿內側而且要加大力度、速度、幅度。

5.鷂子入林（拳式）

（1）鷂子束翅（左拳式）

身體左轉，右腳向左腳前面橫進一步，成半蹲坐盤姿勢。同時左掌臂內旋，左掌迅疾向裏翻轉，向胸前下落，與右掌在腹前交叉時，兩掌變拳；右拳經腹前由左前臂上方向前下插，拳心向上。眼看右拳。（圖2-103）

圖2-102

圖2-103

（2）鷂子入林（左拳式）

接上式，左腳向前進一大步，足尖向前，右腳隨之跟進半步，兩腿微屈。同時右拳臂一邊內旋，一邊向前、向上、向外挑、架、撥、帶，停於右額前，拳心向外；左拳從身前直臂前衝，拳眼向上，高與胸平。目視左拳。（圖2-104）

【要點】左腳上步衝拳時，上體不可前傾，臀部不要外凸。上步架衝拳時，身體由縮而展，由低而高，由後而前，要有吞吐收放之勢，勇往直前之態。

6.鷂子反身

兩腳以腳跟為軸，足尖向右擺，同時身體右後轉，兩腿成三體式。同時右臂隨轉屈肘反臂，右拳變掌從右上方經腰肋部向身後撑轉至右胯處，掌心反轉向上，目視右掌；左掌回落按於左腹前。（圖2-105）

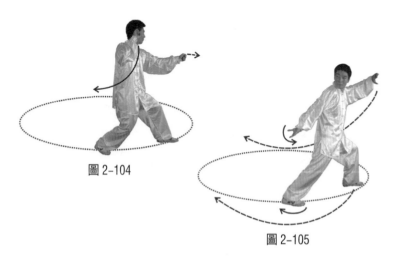

圖2-104

圖2-105

7. 鷂子入林（掌式）

（1）鷂子入林（左掌式）

左腳向前上步，右腳跟步，成三體式步。同時向右扭轉，左掌臂外旋，掌心翻轉向上隨身步向前穿出，肘微屈；右掌臂內旋，右掌順勢翻轉回收，在胸前與左掌相交（左掌在下，右掌在上）向下抒按，掌心向下，伏於左肘內側。目視左掌。（圖 2-106）

【要點】穿托、抒按靈活巧妙，與腰、肩、臂、手協同連貫，扭旋柔和。

（2）鷂子入林（右掌式）

右腳向前上步，左腳跟步，成三體式步。同時向左扭轉，右掌臂外旋，掌心翻轉向上隨身步經胸前穿出，肘微屈；左掌順勢回收，在胸前與右掌相交（右掌在下，左掌在上）向下抒按，掌心向下，伏於右肘內側。目視右掌。（圖 2-107）

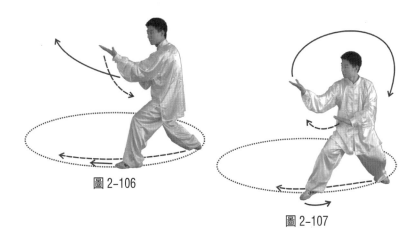

圖 2-106

圖 2-107

【要點】右掌有上穿托之意，左掌有下捋按之意，兩掌陰陽相合。

8.鷂子盤旋（右掌式）

身體略向左轉，同時左腳向右腳後方倒插一步，足前掌著地，足跟提起。身體繼續向左扭轉，右掌臂略內旋，屈肘回收至胸前，與左掌掌指相對，掌心向下。身體繼續左轉，右腳向前上步，左腳跟步，成三體式步。右掌臂外旋，掌心翻轉向上隨身步向前穿出，肘微屈；左掌臂內旋，左掌順勢翻轉回收，在胸前與右掌相交（**右掌在下，左掌在上**）向下捋按，掌心向下，伏於右肘內側。目視右掌。（圖 2-108、圖 2-109）

【要點】在轉體上步、倒插步、穿掌過程中，兩腳轉動要靈活，與兩臂的上穿、後插、撐托，要協調配合，連貫圓活，手腳和順。

圖 2-108

圖 2-109

換掌

（1）青龍轉身（左）

身體左轉，同時左腳向右腳後倒插步。右掌臂隨著內旋，掌心向上成托掌，在頭頂上方從右向前、向左、向後畫一小圓；左掌隨之抽回，經腹前掌背貼著左胯繞向背後，屈肘後旋插掌，掌心向外。眼找左手。擰至極處，左腳向右腳後倒插一步成錯綜八字步，身體繼續以左腳掌右腳跟為軸左轉。（圖 2-110）

【要點】穿插、架轉與身法、步法緊密結合，動作連續不斷。

（2）葉底藏花（左）

身體左轉的同時，以腰胯為旋力，上右腳，腳尖裏扣成倒八字步。同時右掌向下，左掌向上弧形從體側抄抱胸前成抱球狀。（圖 2-111）

【要點】是以掌帶動身子而再扣步。動前須欲左而先右。

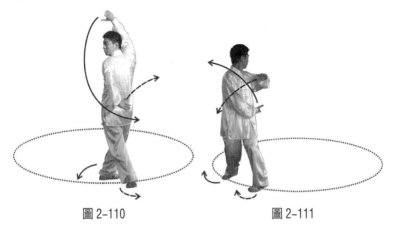

圖 2-110　　　　　　　　圖 2-111

（3）鴻雁出群（右）

上身右轉。右掌從左肘下面向左腋下平穿，同時掌臂內旋，從左向上、向右畫圓至身體右側；同時左掌臂內旋，隨右掌轉動，置於腹前，兩掌成立掌。眼看右掌食指。（圖2-112）

左腳尖外展，右腳上步，順時針向右走圈。

【要點】總要上下相連，內外合成一氣。

9. 青龍縮尾（左）

走至右腳在前時，左腳向右腳前邁進一步，兩足成倒八字步。同時右掌臂外旋，向左大臂處擺動，使掌心向上；左掌位於右臂下腹前。頭向左轉，眼看右掌。（圖2-113）

【要點】臂手的擺裏和右腿足的合扣、腰的旋轉要協調連貫；身子微微有往下遁縮之意，是回身蓄勁的一動。動作不要造作，腰帶身行，自然圓活。

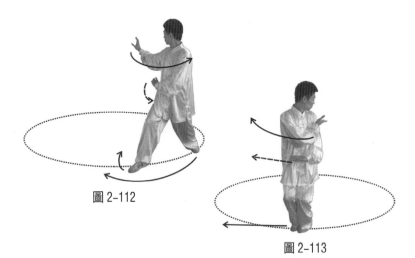

圖2-112

圖2-113

10. 青龍返首推掌式（右）

　　右腳向身體右側移步，腳尖外展，上身右轉成半馬步。同時右掌臂內旋使拇指外側向下，從左向右架掌，掌心向外；架掌的同時左掌向右下方推出，掌心向外，掌指向上。眼看兩掌間。（圖 2-114）

　　【要點】身子微微有往下遁縮之意。

11. 鷂子轉身（左）

　　右腳尖外擺，左足上前扣步，與右足尖相對成倒八字步。同時左手自右肘下向外平直穿出，掌心向下。（圖 2-115）

　　上動不停，身體繼續右轉，擺右腳，扣左腳。左掌臂隨著內旋，掌心向上成托掌，在頭頂上方從左向前、向右、向後畫一小圓；右掌隨之抽回，經腹前掌背貼著右胯繞向背後屈肘後旋插掌心向外。眼找右手。（圖 2-116）

　　【要點】扣步轉身要靈活。

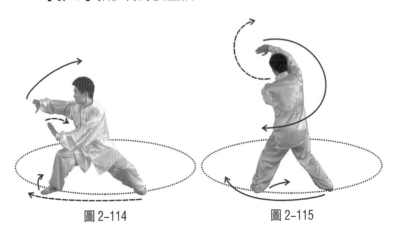

圖 2-114　　　　　　　　圖 2-115

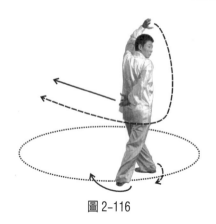

圖 2-116

12.燕子穿簾（左）

擰至極處，身體右轉，右腳進一小步，右腿前弓；左
腿後蹬成右弓步，上體略向前傾。同時左臂直掌前伸，置
於右掌下方，兩臂微屈。目視前方。（圖 2-117）

上動不停，兩足以足跟為軸，足尖向左擺，身體略向
左轉，左腿屈膝半蹲。同時兩掌右下左上分開，右掌臂內
旋向右側撐托；左臂內旋屈肘上架於頭部左上方，掌心均
向外。目隨左掌。（圖 2-118）

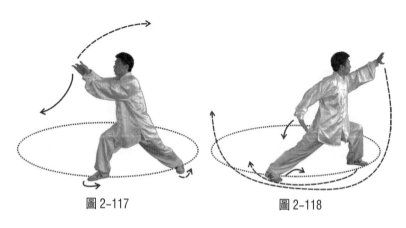

圖 2-117　　　　　　　　　圖 2-118

　　左掌繼續向左、向下、向右貼地、向上走一大圓，上體微右轉。右腳尖外展向前，左腳隨左掌右抄時收回至右腳踝內側，兩腿半蹲。左掌上托，右掌心向下停於右胯側。目視左手。（圖 2-119）

　　上式不停，左腳向前進一步成半馬步。同時左掌臂外旋，左掌內裹至胸前；右掌臂外旋，與左掌臂胸前交叉，右臂在外，左臂在內。目視左方。兩掌臂內旋，右掌向頭右上側，左掌向左下方托撐，高與肩齊，掌心向外。目視左手。（圖 2-120）

　　【要點】弓步變仆步即穿插、托撐、旋架，要突發靈快，幅度大；右掌穿托要貼近地面，靠近左腿內側而且要加大力度、速度、幅度。

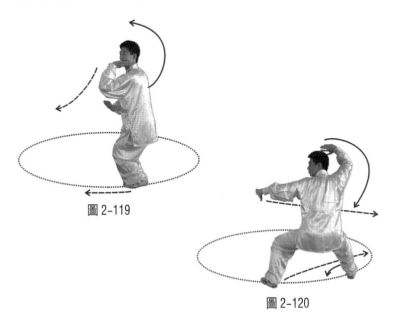

圖 2-119

圖 2-120

13.鷂子入林（拳式）

（1）鷂子束翅（右拳式）

身體右轉，左腳向右腳前面橫進一步，成半蹲坐盤姿勢。同時右掌臂內旋，右掌迅疾向裏翻轉，向胸前下落，與左掌在腹前交叉時，兩掌變拳；左拳經腹前由右前臂上方向前下插，拳心向上，眼看左拳。（圖 2-121）

（2）鷂子入林（右拳式）

接上式，右腳向前進一大步，足尖向前，左腳隨之跟進半步，兩腿微屈。同時左拳臂一邊內旋，一邊向前、向上、向外挑、架、撥、帶，停於左額前，拳心向外；右拳從身前直臂前衝，拳眼向上，高與胸平。目視右拳。（圖 2-122）

【要點】右腳上步衝拳時，上體不可前傾，臀部不要外凸。上步架衝拳時，身體由縮而展，由低而高，由後而前，要有吞吐收放之勢，勇往直前之態。

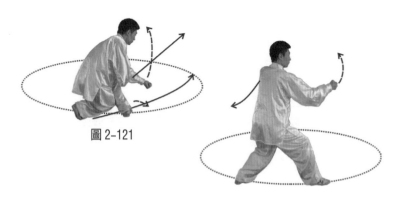

圖 2-121

圖 2-122

14. 鷂子反身

兩腳以腳跟為軸，足尖向左擺，身體向左後轉，兩腿成三體式。同時左臂隨轉，屈肘反臂，左拳變掌，從左上方經腰肋部向身後擰轉至左胯處，掌心反轉向上，目視左掌；右掌回落按於左腹前。（圖 2-123）

15. 鷂子入林（掌式）

（1）鷂子入林（右掌式）

右腳向前上步，左腳跟步，成三體式步。同時向左扭轉，右掌臂外旋，掌心翻轉向上經胸前穿出，肘微屈；左掌順勢回按，在胸前與右掌相交（右掌在下，左掌在上）向下捋按，掌心向下，伏於右肘內側。目視右掌。（圖 2-124）

【要點】穿托、捋按靈活巧妙，與腰、肩、臂、手協同連貫，扭旋柔和。

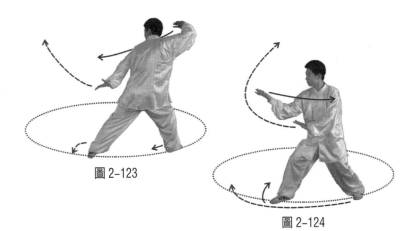

圖 2-123

圖 2-124

（2）鷂子入林（左掌式）

左腳向前上步，右腳跟步，成三體式步。同時向右扭轉，左掌臂外旋，掌心翻轉向上向前穿出，肘微屈；右掌臂內旋，右掌順勢翻轉回收，在胸前與左掌相交（左掌在下，右掌在上）向下捋按，掌心向下，伏於左肘內側。目視左掌。（圖2-125）

【要點】左掌有上穿托之意，右掌有下捋按之意，兩掌陰陽相合。

圖2-125

16.鷂子盤旋（左掌式）

身體略向右轉，同時右腳向左腳後方倒插一步，足前掌著地，足跟提起。身體繼續向右扭轉，左掌臂略內旋，屈肘回收至胸前，與右掌掌指相對，掌心向下。身體繼續右轉，左腳向前上步，右腳跟步，成三體式步。左掌臂外旋，掌心翻轉向上向前穿出，肘微屈；右掌臂內旋，右掌順勢翻轉回收，在胸前與左掌相交（左掌在下，右掌在上）向下捋按，掌心向下，伏於左肘內側。目視左掌。

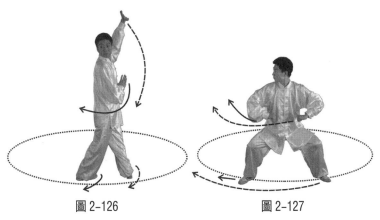

圖 2-126　　　　　　　　　　圖 2-127

（圖 2-126～圖 2-128）

　　【要點】在轉體上步、倒插步、穿掌過程中，兩腳轉動要靈活，與兩臂的上穿、後插、撐托，要協調配合，連貫圓活，手腳和順。

圖 2-128

換掌

（1）青龍轉身（右）

　　身體右轉，同時右腳向左腳後倒插步，左掌臂隨著內旋，掌心向上成托掌，在頭頂上方從左向前、向右、向後畫一小圓；右掌隨之抽回，經腹前掌背貼著右胯繞向背後，屈肘後旋插掌，掌心向外。眼找右手。擰至極處，同時右腳向左腳後倒插一步成錯綜八字步，身體繼續以右腳掌左腳跟為軸左轉。（圖 2-129）

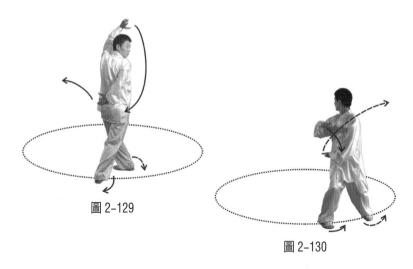

圖 2-129

圖 2-130

【要點】穿插、架轉與身法、步法緊密結合，動作連續不斷。

（2）葉底藏花（右）

身體右轉的同時，以腰胯為旋力，上左腳，腳尖裏扣成倒八字步。同時左掌在下，右掌在上弧形於體側抄抱成抱球狀。（圖 2-130）

【要點】是以掌帶動身子而再扣步。動前須欲右而先左。

（3）鴻雁出群（左）

上身左轉，左掌從右肘下面向身體左上方移轉旋托，與頭平齊；同時右掌臂外旋，隨左掌轉動，置於左肘裏側，兩掌成仰掌，眼看左掌。兩掌向身體左方轉動的同時，兩臂內旋，左掌成立掌，右掌屈肘向右肋側下按，眼看左掌。（圖 2-131）

右腳尖外展，左腳上步，順時針向左走圈。

圖 2-131

震卦

震　卦

1.青龍飛升（左）

上式走至左足在前時，右足不停。向前邁出一步的同時，左掌臂掌心向下，向右腋下插；右掌臂掌心向上，貼著左臂向左撩，交叉於胸前。（圖 2-132）

重心移右腿，同時上體向左擰轉。右掌臂外旋，掌心向上從左向前屈肘平擺，至胸前時，掌指向右；左掌臂內旋掌心向上，從右向左轉動，掌指向左，在胸前兩腕部合攏。不停，兩掌收回腰間。（圖 2-133）

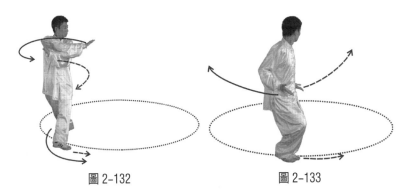

圖 2-132　　　　　圖 2-133

左腳向前邁出一步,兩臂分別向身體兩側平著伸直,往左右分開,掌心向上,左手食指對圓心。眼看左手食指。(圖 2-134)

【要點】兩臂分開如畫半圓形式,分至左右如同一條直線,兩臂的連線應與兩足的連線成為十字。兩手掌心向上,如有兩碗水托在掌中,頭部虛領。腰部要擰,胯向裏縮,兩肩放鬆,有外開下垂之意。身子行之如流水,一律蕩平。

2. 橫掃千軍（左）

行至右足在前時,左足向右足前上一步,足尖外展。同時左掌向身左後方屈肘平擺,右掌則屈肘擺於左肘下端,兩掌心仍向上。眼看左掌。(圖 2-135)

上身右轉,右腳上前一步,足尖裏扣,兩腿稍屈。同時右掌從左向身前、向右後平擺,肘微屈;左掌隨著從左向身前、向右胸屈肘平擺,兩掌心都向上。眼看右掌。(圖 2-136)

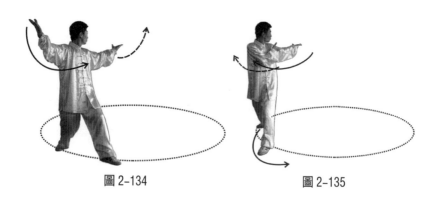

圖 2-134　　　　　圖 2-135

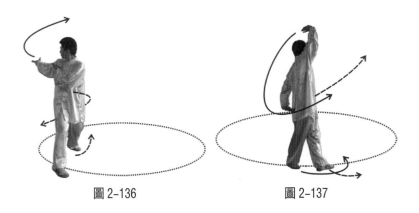

圖 2-136　　　　　　　　圖 2-137

【要點】兩掌臂向左右橫掃，腰身隨之擰轉，腳步踩穩，體悟幅度、速度、力度。

3. 烏龍盤柱（左）

身體左轉，同時擺左腳，扣右腳，走小圓的同時右掌臂內旋，經頭頂上方向前、向左、向後畫弧，掌心向前；左掌隨之抽回，經腹前掌背貼著左胯繞向背後，屈肘後旋插，掌心向外。眼找左手。（圖 2-137）

【要點】後插掌和上架托掌的同時，步身隨之向後擰轉，頭眼隨之，連綿不斷。

4. 提腿龍形

（1）青龍戲珠（左）

擰至極處，擺正左腳，左臂外旋翻轉至掌心向上，向前上穿掌；右掌經頭頂、左肩、弧形下落按於右腹側。前上右腳，同時右掌臂外旋翻轉至掌心向上，向前上穿掌，左掌屈肘收於右肘內側。（圖 2-138、圖 2-139）

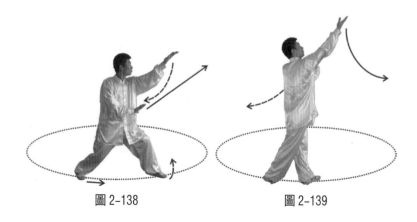

圖 2-138　　　　　　　圖 2-139

【要點】身子追著手進。

（2）落灘伏龍（右）

接上勢，兩腿全蹲，交叉成歇步，右膝頂在左膝窩處，臀部儘量下坐。同時，身體向左轉約 90°，左腳向右腳前蓋步。右臂內旋從上向內、向下，在胸前與左手交叉，右臂在外，掌心向下。兩掌向左右分撐，臂微屈，掌心向外，掌指向下。上體儘量前俯，目視右掌。（圖 2-140）

【要點】蓄力飽滿，兩臂要撐圓，力達掌根，身體前伏要注意抬頭塌腰，後手略高。雙撐掌與歇步伏身下蹲要求連貫圓活，中間不要有停頓現象。

圖 2-140

（3）金龍盤柱（左）

上動略停，兩掌撐圓，上體儘量向左轉體。至左後方不能繼續再轉時，左腳上步內扣約 120°，身體亦隨之右後轉身，兩腿微屈。同時右手抄抱右臂外旋，左手邊外旋邊經左腋下上穿，掌心向上。兩掌經胸前向兩側平穿，目視左掌。（圖 2-141、圖 2-142）

【要點】歇步盤腿、轉體要儘量低、幅度大，圓活連貫。

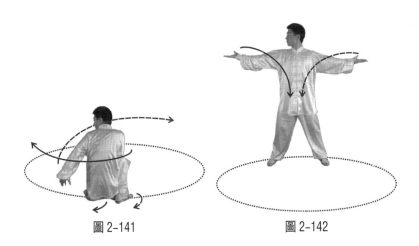

圖 2-141　　　　　　　圖 2-142

（4）見龍在田（左）

兩腿微屈，同時兩臂內旋，屈肘回收至胸前，左手在上，右手在下，掌心向下。左腳向左墊步，腳尖朝前。兩臂內旋使掌心向外，向左右分撐，同時右腿屈膝提起，腳尖上勾。目視左側。（圖 2-143、圖 2-144）

【要點】分撐與提膝動作要協調一致，身隨步轉手眼相隨。

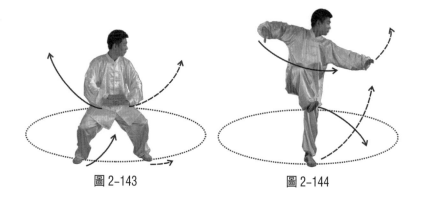

圖 2-143　　　　　　　　　圖 2-144

以上提腿龍形動作一氣呵成，按穿、開合、落沉、托撐、旋扭、抄轉、穿伸、收合、獨立提撐，要柔和連貫，內外協調，並與起伏轉折、縮伸扭轉、快速變化、柔靈巧妙身法緊密配合。

5. 跳躍龍形

（1）飛龍在天（左）

接前勢，右腳前落，膝微屈，上體隨起隨向左轉。同時兩掌變拳收於腹前。右腳蹬地上縱，左拳一邊外旋一邊向前上鑽，高與鼻齊，拳心斜向上；右臂內旋向胸前搬按，置於左肘內側。同時左腿屈膝上提，足尖外展，向前上方用力蹬踹，膝關節微屈，力達足跟。目視前方。（圖 2-145）

【要點】搬、鑽、踹要與快速起跳、上身伸頂結合，達

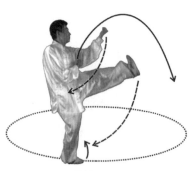

圖 2-145

到協調連貫、柔和自然。

（2）天龍入海（右）

兩腳落地，左腳向前橫落，全腳掌著地，兩腿屈膝下蹲，前後交叉成歇步；右腳跟提起，前腳掌著地，上體略向前傾。同時左拳一邊內旋，一邊變掌回撤於左腰肋旁，掌心向下，掌指向前；右拳亦同時變掌，在左掌回撤的同時，右掌掌心向下經左掌背向前下伸出，掌高不過膝，臂微屈。目視前下方。（圖 2-146）

【要點】招手就往腿上踹，隨手再向面門蓋，就是邪怪也驚呆。

6. 虎撲（右）

起身，左腳前墊半步，右腳隨即跟進提靠於左腳內側踝關節處，腳底與地面平行。同時，兩臂迅速外旋，兩手握拳由體前撤回至腹部兩側，拳心均朝上。目視右前方。（圖 2-147）

右腳向右前方進一步，左腳隨之跟進半步。進步的同時兩拳拳心向裏，向上鑽至胸前，猛然兩臂內旋翻轉變

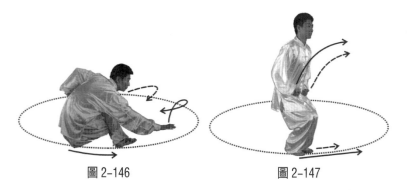

圖 2-146　　　　　　　圖 2-147

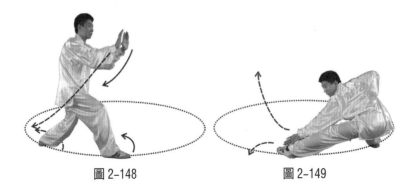

圖 2-148　　　　　　　　圖 2-149

掌，向右前下方撲按，高與胸齊，掌心向前下，兩虎口相
對。目視前方。（圖 2-148）

【要點】虎形出蹬、下坐、後縮、引撥、推按、托
撞、呼氣合整要協調，快捷猛烈，連貫突發。兩手起落鑽
翻要明顯，向前向下撲按走弧線。身法步法配合要協調一
致，不可直著向外推，定勢時要沉肩墜肘、頂頭挺項，顯
現出虎撲食之威。「虎撲有如捲地風，去意好似虎撲羊」
即是此意。

7.金雞撒膀（左）

右掌從上由胸前屈肘下沉，叉於右腰側，拇指在後，
其餘四指在前。左腳同時向後伸出，左腿伸直；右腳尖同
時裏扣，右腿屈膝下蹲。左掌隨之順著左腿反臂伸出，掌
心向上，頭隨著左掌向左扭轉。上身前俯，眼看左掌。
（圖 2-149）

【要點】頭隨掌穿，要有幅度，縮沉插掌要快捷有
力，與頭、眼、身配合得當。

8.移花接木（左）

左腳尖外展，上身直起，右腿伸直，右腳隨之進半步。左掌臂外旋使掌心向上，由下向上托起，成仰掌，肘微屈。眼看左掌。（圖 2-150）

【要點】臂掌有撩、端、托之意，內含蓄力，掌高與頭平齊。

換掌

（1）青龍轉身（左）

身體左轉，同時右腳扣步，兩腳尖相對成倒八字步。扣右腳的同時右掌臂外旋，由左臂下向上向前穿出，隨著內旋掌心向上成托掌，在頭頂上方從右向前、向左、向後畫一小圓；左掌隨之抽回，經腹前掌背貼著左胯繞向背後，屈肘後旋插掌，掌心向外，眼找左手。擰至極處，左腳向右腳後倒插一步成錯綜八字步，身體繼續以左腳掌右腳跟為軸左轉。（圖 2-151）

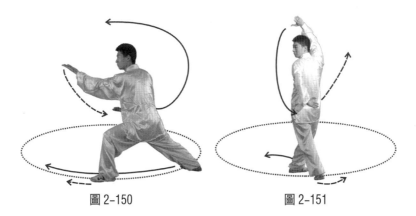

圖 2-150　　　　　　　　圖 2-151

【要點】穿插、架轉與身法、步法緊密結合，動作連續不斷。

（2）葉底藏花（左）

身體左轉的同時，以腰胯為旋力，上右腳，腳尖裏扣成倒八字步。同時右掌向下、左掌向上弧形從體側抄抱胸前成抱球狀。（圖 2-152）

【要點】是以掌帶動身子而再扣步。動前須欲左而先右。

（3）鴻雁出群（右）

上身右轉，右掌從左肘下面向左腋下平穿，同時掌臂內旋從左向上向右畫圓至身體右側；左掌同時臂內旋，隨右掌轉動，置於腹前，兩掌成立掌。眼看右掌食指。（圖 2-153）

左腳尖外展，右腳上步，順時針向右走圈。

【要點】總要上下相連，內外合成一氣。

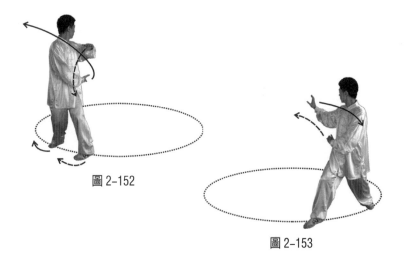

圖 2-152

圖 2-153

9. 青龍飛升（右）

鴻雁出群（右），走
至右足在前時，左足不
停。向前邁出一步的同
時，右掌掌心向下，向左
腋下插；左掌掌心向上，
貼著右臂向右撩，交叉於
胸前。（圖 2-154）

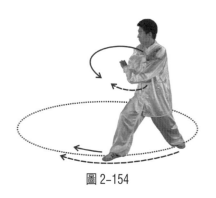

圖 2-154

重心移左腿，同時上體向右擰轉，左掌臂外旋，掌心
向上從右向前屈肘平擺，至胸前時，掌指向左；右掌臂內
旋掌心向上，從左向右轉動，掌指向右，在胸前兩腕部合
攏。（圖 2-155）

右腳向前邁出一步，兩臂分別向身體兩側平著伸直，
往左右分開，掌心向上，右手食指對圓心。眼看右手食
指。（圖 2-156）

【要點】兩臂分開如畫半圓形式，分至左右如同一條
直線，兩臂的連線應與兩足的連線成為十字。兩手掌心向

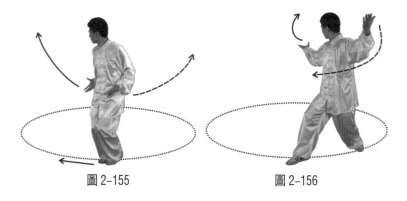

圖 2-155　　　　　　　　圖 2-156

上，如有兩碗水托在掌中，頭部虛領。腰部要撐，胯向裏縮，兩肩放鬆，有外開下垂之意，身子行之如流水，一律蕩平。

10.橫掃千軍（右）

行至左足在前時，右足向左足前上一步，足尖外展。右掌同時向身右後方屈肘平擺，左掌則屈肘擺於右肘下端，兩掌心仍向上。眼看右掌。（圖 2-157）

上身左轉，左腳向前上步，足尖裏扣，兩膝稍屈。左掌同時從右向身前、向左後平擺，肘微屈；右掌隨著從右向身前、向左胸屈肘平擺，兩掌心都向上。眼看左掌。（圖 2-158）

【要點】兩掌臂向左右橫掃，腰身隨之撐轉，腳步踩穩，體悟幅度、速度、力度。

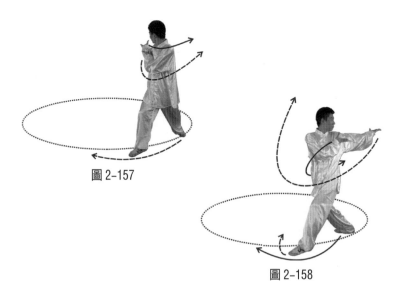

圖 2-157

圖 2-158

11. 烏龍盤柱（右）

身體右轉，同時擺右腳、扣左腳，走小圓的同時左掌臂內旋，經頭頂上方向前、向右、向後畫弧，掌心向前；右掌隨之抽回，經腹前掌背貼著右胯繞向背後屈肘旋插掌，掌心向外，眼找右手。（圖 2-159）

【要點】後插掌和上架托掌的同時，步身隨之向後擰轉，頭眼隨之，連綿不斷。

圖 2-159

12. 提腿龍形

（1）青龍戲珠（右）

擰至極處，擺正右腳，右臂外旋翻轉至掌心向上，向前上穿掌；左掌經頭頂、右肩、弧形下落按於左腹側。前上左腳，同時左掌臂外旋翻轉至掌心向上，向前上穿掌，右掌屈肘停於右肘內側。（圖 2-160、圖 2-161）

【要點】身子追著手進。

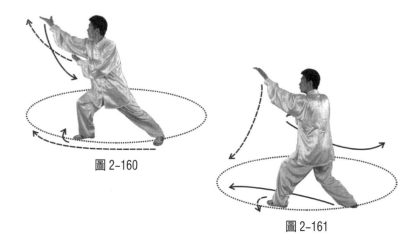

圖 2-160

圖 2-161

（2）落灘伏龍（右）

接上勢，兩腿全蹲，交叉成歇步勢，左膝頂在右膝窩處，臀部儘量下坐。同時，身體向右轉約 90°。右腳向左腳前蓋步，左臂內旋從上向內、向下，在胸前與右手交叉，左臂在外，掌心向下。同時兩掌向左右分撐，兩臂微屈，掌心向外，掌指向下。上體儘量前俯，目視左掌。（圖 2-162）

【要點】蓄力飽滿，兩臂要撐圓，力達掌根，身體前伏要注意抬頭塌腰，後手略高。雙撐掌與歇步伏身下蹲要求連貫圓活；中間不要停頓。

圖 2-162

（3）金龍盤柱（右）

上動略停，兩掌撐圓，上體儘量向右轉體。至右後方不能繼續再轉時，右腳上步內扣約 120°，身體亦隨之左後轉身，兩腿微屈。同時左手抄抱左臂外旋，右手邊外旋邊經右腋下上穿，掌心向上。兩掌經胸前向兩側平穿，目視右掌。（圖 2-163、圖 2-164）

【要點】歇步盤腿，轉體要儘量低，幅度大，圓活連貫。

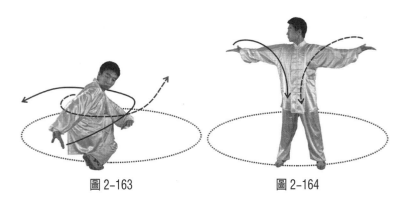

圖 2-163　　　　　　　　圖 2-164

（4）見龍在田（右）

兩腿微屈，同時兩臂內旋，屈肘回收至胸前，掌心向下。右腳向右墊步，腳尖朝前。兩臂內旋使掌心向外，向左右分撐，同時左腿屈膝提起，腳尖上勾。目視右側。（圖 2-165、圖 2-166）

【要點】以上盤根提腿龍形動作一氣呵成，按穿、開合、落沉、托撐、旋扭、抄轉、穿伸、收合、獨立提撐，要柔和連貫，內外協調，並與起伏轉折、縮伸扭轉、快速變化、柔靈巧妙身法緊密配合。

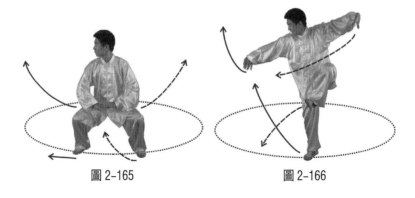

圖 2-165　　　　　　　　圖 2-166

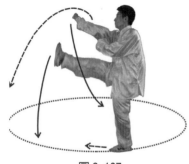

圖 2-167

13. 跳躍龍形

（1）飛龍在天（右）

接上勢，左腳前落蹬地上縱，膝微屈，上體隨起隨向右轉。同時兩掌變拳收於腹前，右拳在裏，左拳在外。上動不停，右拳邊外旋邊向前上鑽，高與鼻齊，拳心斜向上，左臂內旋向胸前下搬按，置於右肘內側。同時右腿屈膝上提，足尖外展，向前上方用力蹬踹，膝關節微屈，力達足跟。目視前方。（圖 2-167）

【要點】搬、鑽、踹要與快速起跳、上身伸頂結合，達到協調連貫、柔和自然。

（2）天龍入海（左）

兩腳落地，右腳向前橫落，全腳掌著地，兩腿屈膝下蹲，前後交叉成歇步；左腳跟提起，前腳掌著地，上體略

上前傾。同時右拳邊內旋，邊變掌回撤於右腰肋旁，掌心
向下，掌指向前；左拳亦同時變掌，在右拳回撤的同時，
掌心向下經右拳背向前下劈出，掌高不過膝，臂微屈。目
視前下方。（圖 2-168）

【要點】雙手動作要體現抓、劈、按、合，落地要求
快、低、探、穩。

圖 2-168

14. 虎撲（左）

起身，右腳前墊半步，左腳隨即跟進提靠於右腳內側
踝關節處，腳底與地面平行。同時，兩臂迅速外旋，兩手
握拳由體前撤回至腹部兩側，拳心均朝上，目視左前方。
（圖 2-169）

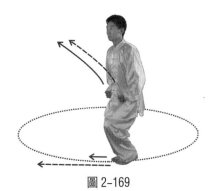

圖 2-169

左腳向左前方進一步,右腳隨之跟進半步。進步的同時兩拳拳心向裏,向上鑽至胸前,猛然兩臂內旋翻轉變掌,向左前下方撲按,高與胸齊,掌心向前下,兩虎口相對。目視前方。(圖 2-170)

【要點】虎形出蹬、下坐、後縮、引撥、推按、托撞、呼氣合整要協調,快捷猛烈,連貫突發。

15. 金雞撒膀(右)

左掌從上由胸前屈肘下沉,叉於左腰側,拇指在後,其餘四指在前。右腳同時向後伸出,右腿伸直;左腳尖同時裏扣,左腿屈膝下蹲。右掌隨之順著右腿反臂伸出,掌心反向上。頭隨著右掌向右扭轉,上身前俯,眼看右掌。(圖 2-171)

【要點】頭隨掌穿,要有幅度,縮沉插掌要快捷有力,與頭眼身配合得當。

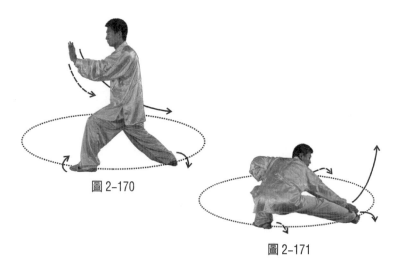

圖 2-170

圖 2-171

16.移花接木（右）

右腳尖外展，上身直起，左腿伸直，左腳隨之進半步。右掌臂外旋使掌心向上，由下向上托起，成仰掌，肘微屈。眼看右掌。（圖 2-172）

【要點】臂掌有撩、端、托之意，內含蓄力，掌高與頭平齊。

換掌

（1）青龍轉身（右）

身體右轉，同時左腳扣步，兩腳尖相對成倒八字步。扣左腳的同時左掌臂外旋，由右臂下向上向前穿出，隨著內旋掌心向上成托掌，在頭頂上方從左向前、向右、向後畫一小圓；右掌隨之抽回，經腹前掌背貼著右胯繞向背後，屈肘後旋插掌，掌心向外。眼找右手。擰至極處，同時右腳向左腳後倒插一步成錯綜八字步，身體繼續以右腳掌左腳跟為軸右轉。（圖 2-173）

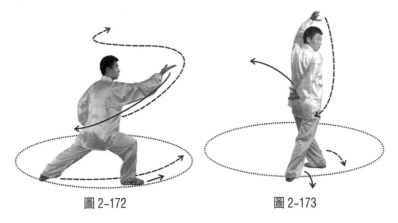

圖 2-172　　　　　　　　圖 2-173

【要點】穿插、架轉與身法、步法緊密結合，動作連續不斷。

（2）葉底藏花（右）

身體右轉的同時，以腰胯為旋力，上左腳，腳尖裏扣成倒八字步。同時左掌向下，右掌向上弧形從體側抄抱胸前成抱球狀。（圖2-174）

【要點】是以掌帶動身子而再扣步。動前須欲右而先左。

（3）鴻雁出群（左）

上身左轉，左掌從右肘下面向右腋下平穿，左掌臂內旋，從右向上向左畫圓至身體左側；同時右掌臂內旋，隨左掌轉動，置於腹前，兩掌成立掌。眼看左掌食指。（圖2-175）

左腳尖外展，右腳上步，逆時針向左走圈。

【要點】總要上下相連，內外合成一氣。

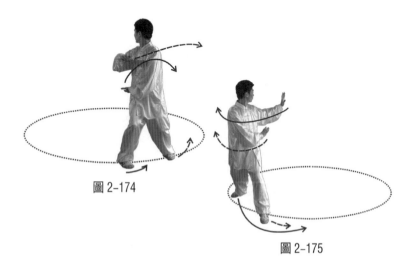

圖2-174

圖2-175

艮 卦

艮卦

1.青龍縮尾（右）

走至左腳在前時，右腳向左腳前邁進一步，兩足成倒八字步。同時左掌臂外旋，向右大臂處擺動，使掌心向內，右掌位於腹前。頭向右轉，眼看左掌。（圖 2-176）

【要點】臂手的擺裹和右腿足的合扣、腰的旋轉要協調連貫，身子微微有往下遁縮之意，是回身蓄勁的一動。動作不要造作，腰帶身行，自然圓活。

2.青龍返首推掌式（左）

右腳內扣，重心移至右腳之內扣步上；左腳向身體左側移步，腳尖外展，上身左轉成半馬步。同時左掌臂內旋，使拇指外側向下，從右向左架掌，掌心向外，架掌的同時右掌向左身後推出，掌心向外，掌指向上成立掌。眼看兩掌虎口間。（圖 2-177）

【要點】身子微微有往下遁縮之意，是回身蓄勁的一動。

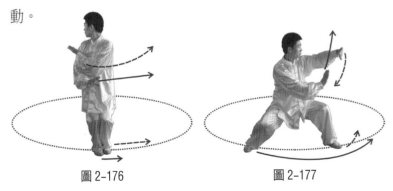

圖 2-176　　　　　　　圖 2-177

3. 黑熊返背（左）

右足上前扣步，與左足尖相對成倒八字步。同時右手自左掌上向外平直極力穿出，掌心朝上。（圖 2-178）

【要點】邊穿邊行，連貫、自然、圓活，全身集思參與動作，協調配合。

4. 黑熊探掌（左）

上動不停，左腳跟和右腳跟相繼虛起，以腳掌為軸帶動身體向左向後轉 180°，兩腳仍成倒八字步。右臂穿至極處再極力內旋臂，隨著身體擰轉（順時針）360°，至掌心向外；同時左臂內裏屈肘貼於左胸，左掌擰裏為掌心向上，掌指向前，位於下頜部位，左掌靠著口極力向前穿出，左肘下垂。在左手到口的同時，左膝上提，提至左肘與左膝相挨，足尖極力往下挺，腳面繃直。右臂向後向外伸直後變成勾手，眼看前手。（圖 2-179）

【要點】插掌提膝，上身微向前傾，力求快捷、整合、乾脆有力。

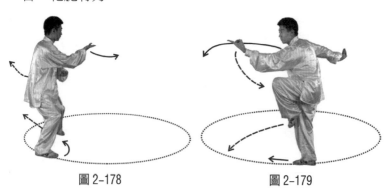

圖 2-178　　　　　　　　圖 2-179

5.鷹形

（1）鷹捉（左）

上動不停，左腳向左前方落步，右腳跟一小步。同時左臂內旋下落；右臂內旋，右掌順著左前臂向前伸，伸到兩掌重疊時，兩掌同時下按抓，右掌前伸，左掌收撤停於左胯前方。目視前下方。（圖2-180）

【要點】右掌前捉變拳，左掌後撤與左腳前落要同時完成，右臂不要伸直，兩掌如鷹之捉物，兩膝向裏扣。

（2）鷹捉（右）

左腳前進一步，右腳隨即提起跟進。同時，兩掌變拳，右臂外旋經左胸向左肩上穿，使拳心斜向上高與鼻齊；左拳下落於右肘內側，拳心向上。（圖2-181）

上動不停，右腳經左腳內側向右前方上一步，左腳跟一小步。同時兩拳變掌，右臂內旋下落，左臂內旋，左掌順著右前臂向前伸，伸到兩掌重疊時，兩掌同時下按抓，左掌前伸，高與腰平時握成拳，右掌收撤停於右胯前方時

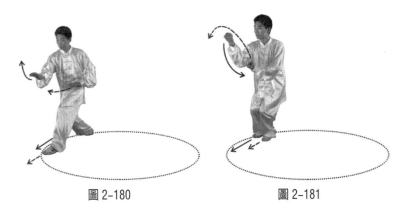

圖2-180　　　　　　　　圖2-181

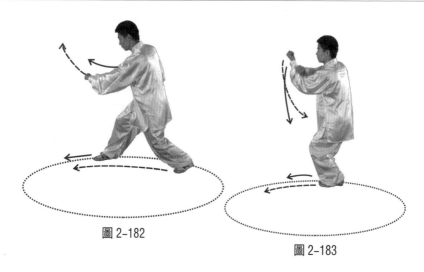

圖 2-182

圖 2-183

握成拳。目視前下方。（圖 2-182）

【要點】左掌前捉變拳，右掌後撤與右腳前落要同時完成，左臂不要伸直，兩掌如鷹之捉物，兩膝向裏扣。鑽、吸、縮、抓、按、呼、開合要與身法、眼神緊密配合，快、準、整，力達手指。

6. 熊形

（1）熊形（左）

右腳前進一步，左腳隨即提起跟進向右腳靠攏，停靠於右腳踝關節處。同時，左臂外旋經右小臂向右上鑽，拳心斜向上，高與鼻齊；右拳下落緊貼左小臂內側，拳心向下。（圖 2-183）

上動不停，左腳經右腳內側向左前方上一步，右腳跟一小步。同時兩拳邊翻邊轉，從右上向左下方捋帶，停於左側腰腹部，掌心相對。同時右肩膀儘量向左扭靠，目視

前方。（圖 2-184）

【要點】鑽、捋、
靠、擠與腰、膀、肩、臂
配合緊密，形成一體，鬆
緊柔剛，突發靈快，力達
膀臂。

（2）熊形（右）

左腳前進一步，右腳
隨即提起跟進向左腳靠

圖 2-184

攏，停靠於左腳踝關節處。同時拳變掌，右臂外旋經左小
臂向左上鑽，掌心斜向內，高與鼻齊；左拳下落緊貼右小
臂內側，掌心向下。（圖 2-185）

上動不停，右腳經左腳內側向右前方上一步，左腳跟
一小步。同時兩拳邊翻邊轉，從左上向右下方捋帶，停於
右側腰腹部，掌心相對。同時左肩膀儘量向右扭靠，目視
前方。（圖 2-186）

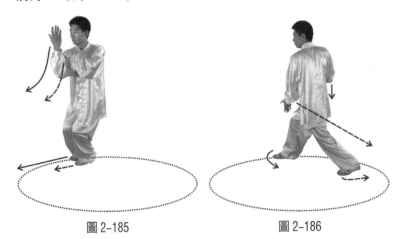

圖 2-185　　　　　　　　圖 2-186

【要點】鑽、挒、靠、擠與腰、膀、肩、臂配合緊密，形成一體，鬆緊柔剛，突發靈快，力達膀臂。

7.金雞撒膀（左）

右掌從上由胸前屈肘下沉，叉於右腰側，拇指在後，其餘四指在前。左腳同時向後伸出，左腿伸直；右腳尖同時裏扣，右腿屈膝下蹲。左掌隨之順著左腿反臂伸出，掌心反向上。頭隨著左掌向左扭轉，上身前俯，眼看左掌。（圖2-187）

【要點】頭隨掌穿，要有幅度，縮沉插掌要快捷有力，與頭、眼、身配合得當。

8.移花接木（左）

左腳尖外展，上身直起，右腿伸直，右腳隨之進半步。左掌臂外旋使掌心向上，由下向上托起，成仰掌，肘微屈。眼看左掌。（圖2-188）

【要點】臂掌有撩、端、托之意，內含蓄力，掌高與頭平齊。

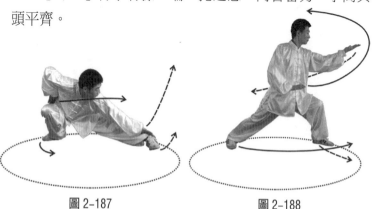

圖2-187　　　　　　圖2-188

換掌

（1）青龍轉身（左）

身體左轉，同時右腳上前扣步，兩腳尖相對成倒八字步。扣右腳的同時右掌臂外旋，由左臂下向上向前穿出，隨著內旋掌心向上成托掌，在頭頂上方從右向前、向左、向後畫一小圓；左掌隨之抽回，經腹前掌背貼著左胯繞向背後屈肘後旋插掌，掌心向外。眼找左手。擰至極處，同時左腳向右腳後倒插一步成錯綜八字步，身體繼續以左腳掌右腳跟為軸左轉。（圖 2-189）

【要點】穿插、架轉與身法、步法緊密結合，動作連續不斷。

（2）葉底藏花（左）

身體左轉的同時，以腰胯為旋力，上右腳，腳尖裏扣成倒八字步。同時右掌向下，左掌向上弧形從體側抄抱胸前成抱球狀。（圖 2-190）

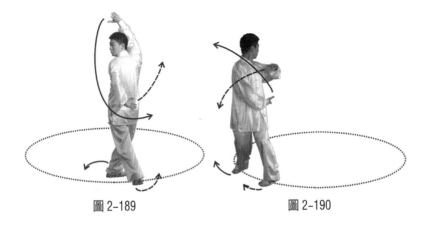

圖 2-189　　　　　　　　　圖 2-190

【要點】是以掌帶動身子而再扣步。動前須欲左而先右。

（3）鴻雁出群（右）

上身右轉。右掌從左肘下面向左腋下平穿，右掌臂內旋從左向上向右畫圓至身體右側；同時左掌臂內旋，隨右掌轉動，置於腹前，兩掌成立掌。眼看右掌食指。（圖2-191）

右腳尖外展，左腳上步，順時針向右走圈。

【要點】總要上下相連，內外合成一氣。

9. 青龍縮尾（左）

走至右腳在前時，左腳向右腳前邁進一步，兩足成倒八字步。同時右掌臂外旋，向左大臂處擺動，使掌心向上，左掌位於右臂下腹前。頭向左轉，眼看右掌。（圖2-192）

【要點】臂手的擺裹和右腿足的合扣、腰的旋轉要協

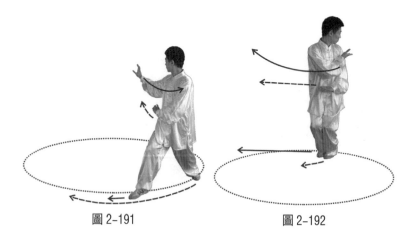

圖2-191　　　　　　　圖2-192

調連貫。身子微微有往下遁縮之意，是回身蓄勁的一動。
動作不要造作，腰帶身行，自然圓活。

10.青龍返首推掌式（右）

右腳向身體右側移步，腳尖外展，上身右轉成半馬
步。同時右掌臂內旋使拇指外側向下，從左向右架掌，掌
心向外；架掌的同時左掌向右下方推出，掌心向外，掌指
向上。眼看兩掌間。（圖 2-193）

【要點】身子微微有往下遁縮之意。

11.黑熊返背（右）

左足上前扣步，與右足尖相對成倒八字步。同時左手
自右掌上向外平直極力穿出，掌心朝上。（圖 2-194）

【要點】邊穿邊行，連貫、自然、圓活，全身集思參
與動作，協調配合。

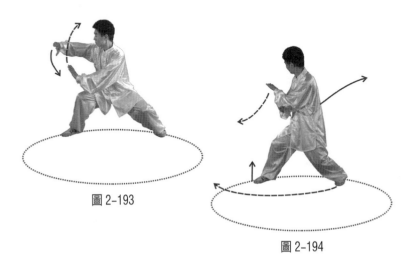

圖 2-193

圖 2-194

12.黑熊探掌（右）

　　上動不停，右腳跟和左腳跟相繼虛起，以腳掌為軸帶動身體向右向後轉 180°，兩腳仍成倒八字步。左臂穿至極處再極力內旋臂隨著身體擰轉（順時針）360°，至掌心向外；同時右臂內裏屈肘貼於右胸，右掌擰裏為掌心向上，掌指向前，位於下頜部位，右掌靠著口極力向前穿出，右肘下垂。在右手到口的同時，右膝上提，提至右肘與右膝相挨，足尖極力往下挺，腳面繃直。左臂向後向外伸直後變成勾手，眼看前手。（圖 2-195）

【要點】插掌提膝，上身微向前傾，力求快捷、整合、乾脆有力。

圖 2-195

13.鷹形

（1）鷹捉（右）

　　上動不停，右腳向右前方落步，左腳跟一小步。同時右臂內旋下落，左臂內旋，左掌順著右前臂向前伸，伸到兩掌重疊時，兩掌同時下按抓，左掌前伸。目視前下方。

（圖 2-196）

【要點】左掌前捉變拳，右掌後撤與右腳前落要同時完成，左臂不要伸直，兩掌如鷹之捉物，兩膝向裏扣。

（2）鷹捉（左）

右腳前進一步，左腳隨即提起跟進。同時，兩

圖 2-196

掌變拳，左臂外旋經右胸向右肩上穿，使拳心斜向上高與鼻齊；右拳下落於左肘內側，拳心向上。（圖 2-197）

上動不停，左腳經右腳內側向左前方上一步，右腳跟一小步。同時兩拳變掌，左臂內旋下落，右臂內旋，右掌順著左前臂向前伸，伸到兩掌重疊時，兩掌同時下按抓，右掌前伸，高與腰平時握成拳，左掌收撤停於左胯前方時握成拳。目視前下方。（圖 2-198）

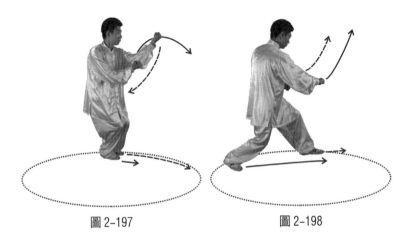

圖 2-197　　　　　　　圖 2-198

【要點】右掌前捉變拳，左掌後撤與左腳前落要同時完成，右臂不要伸直，兩掌如鷹之捉物，兩膝向裏扣。鑽、吸、縮、抓、按、呼、開合要與身法、眼神緊密配合，快、準、整，力達手指。

14. 熊形

（1）熊形（右）

左腳前進一步，右腳隨即提起跟進向左腳靠攏，停靠於左腳踝關節處。同時，右臂外旋經左小臂向左上鑽，拳心斜向上，高與鼻齊；左拳下落緊貼右小臂內側，拳心向下。（圖2-199）

上動不停，右腳經左腳內側向右前方上一步，左腳跟一小步。同時兩拳邊翻邊轉，邊從左上向右下方捋帶，停於右側腰腹部，拳心相對。同時左肩膀儘量向右扭靠，目視前方。（圖2-200）

【要點】鑽、捋、靠、擠與腰、膀、肩、臂配合緊

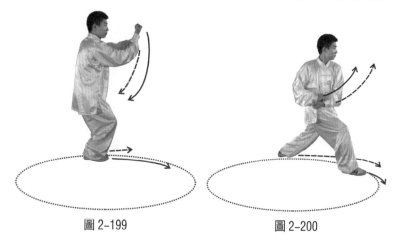

圖2-199　　　　　　圖2-200

密，形成一體，鬆緊柔剛，突發靈快，力達膀臂。

（2）熊形（左）

右腳前進一步，左腳隨即提起跟進向右腳靠攏，停靠於右腳踝關節處。同時，拳變掌，左臂外旋經右小臂向右上鑽，掌心斜向內，高與鼻齊；右掌下落緊貼左小臂內側，掌心向下。（圖 2-201）

上動不停，左腳經右腳內側向左前方上一步，右腳跟一小步。同時兩掌邊翻邊轉，邊從右上向左下方捋帶，停於左側腰腹部，掌心相對。同時右肩膀儘量向左扭靠，目視前方。（圖 2-202）

【要點】鑽、捋、靠、擠與腰、膀、肩、臂配合緊密，形成一體，鬆緊柔剛，突發靈快，力達膀臂。

15. 金雞撒膀（右）

左掌從上由胸前屈肘下沉，叉於左腰側，拇指在後，其餘四指在前。右腳同時向後伸出，右腿伸直；左腳尖同

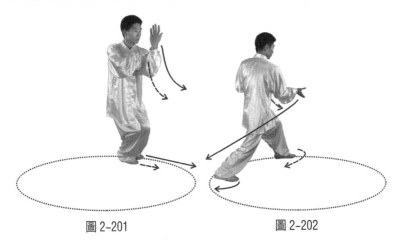

圖 2-201　　　　　　圖 2-202

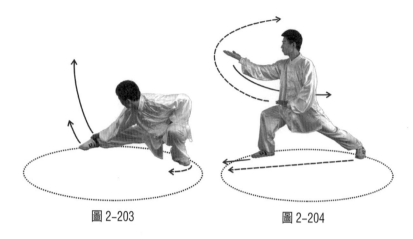

圖 2-203　　　　　　　　　圖 2-204

時裏扣，左腿屈膝下蹲。右掌隨之順著右腿反臂伸出，掌
心向上。頭隨著右掌向右扭轉，上身前俯，眼看右掌。
（圖 2-203）

【要點】頭隨掌穿，要有幅度，縮沉插掌要快捷有
力，與頭、眼、身配合得當。

16. 移花接木（右）

右腳尖外展，上身直起，左腿伸直，左腳隨之進半
步。右掌臂外旋使掌心向上，由下向上托起，成仰掌，肘
微屈。眼看右掌。（圖 2-204）

【要點】臂掌有撩、端、托之意，內含蓄力，掌高與
頭平齊。

換掌

（1）青龍轉身（右）

身體右轉，同時左腳上前扣步，兩腳尖相對成倒八字

步。扣左腳的同時左掌臂外旋，由右臂下向上向前穿出，隨著內旋掌心向上成托掌，在頭頂上方從左向前、向右、向後畫一小圓；右掌隨之抽回，經腹前掌背貼著右胯繞向背後，屈肘後旋插掌，掌心向外。眼找右手。擰至極處，同時右腳向左腳後倒插一步成錯綜八字步，身體繼續以右腳掌左腳跟為軸右轉。（圖 2-205）

【要點】穿插架轉與身法步法緊密結合，動作連續不斷。

（2）葉底藏花（右）

身體右轉的同時，以腰胯為旋力，上左腳，腳尖裏扣成倒八字步。同時左掌向下，右掌向上弧形從體側抄抱胸前成抱球狀。（圖 2-206）

【要點】以掌帶動身子而再扣步。動前須欲右而先左。

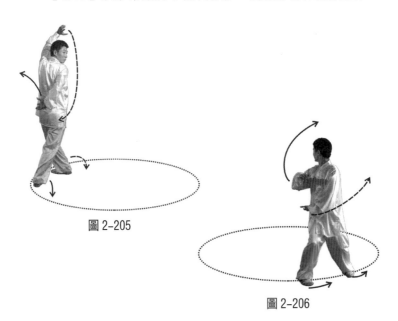

圖 2-205

圖 2-206

巽 卦

巽卦

1. 有鳳來儀（左）

上身左轉。左掌往右胳膊下邊向右平直穿出去，再向左屈肘弧形擺動，掌心向上成托掌，左掌食指直對圓圈中心；右掌由左掌裏側向下、向右、向上、向左屈肘弧形擺動，兩手心相對，右胳膊靠著右耳處，如抱著大圓球相似。眼看左掌。（圖 2-207）

左腳尖外展，右腳扣步，逆時針向左走圈。兩肩往下垂勁，又往外開勁。兩足隨走，左手連往外畫，右手代往上穿，腰隨著左手往外扭勁。

【要點】隨走隨變，同時動作。

圖 2-207

2. 龍盤鳳舞（左）

右足上前扣步，右足尖與左足尖相對，成倒八字步。同時兩手如同抱球順時針翻轉向下。外擺左腳，同時兩手

如同抱球，繼續順時針翻轉向上。（圖 2-208、圖 2-209）

外擺左腳，右足不停向前邁出一步的同時，左掌臂掌心向下，向右腋下插；右掌貼著左臂向左撩，交叉於胸前。（圖 2-210）

【要點】抱球翻轉走大圓，頭和上身儘量後仰，形成立圓，做到連貫、迅速、穩健、柔圓。

圖 2-208　　　　　　　　　圖 2-209

圖 2-210

3. 鼉形

（1）右鼉形

右腳向右前方進一小步，左腳跟步。同時右掌向上經左胸、左肩弧形向右運行，至面前掌心翻轉斜向外，停於右前方，高與鼻齊；左掌掌心翻轉向上，停於右腹前。目視右掌前方。（圖 2-211）

【要點】動作要整齊一致。左掌向左前撐出時，腰要塌，頭要頂，身要正。

（2）左鼉形

左腳隨即跟進，提靠於右腳內側踝關節處，腳底與地面平行。同時，右掌橫掌向右前方撐，高與鼻齊，臂成弧形，掌心向前；左掌掌心外旋翻轉向上，停在右腹前，目視右掌。上動不停，左腳向左前方進一步。同時左掌向上經右胸、右肩弧形向左運行，至面前掌心翻轉斜向外，停於左前方，高與鼻齊；右掌由右側弧形下落，掌心翻轉向上，停於左腹前，目視左掌前方。（圖 2-212）

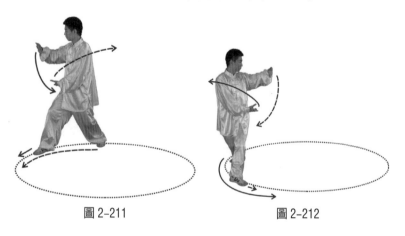

圖 2-211　　　　　　　　　　圖 2-212

【要點】動作要整齊一致；左掌向左前撐出時，腰要塌，頭要頂，身要正。

（3）右鼉形

左腳前墊半步，右腳隨即跟進，提靠於左腳內側踝關節處，腳底與地面平行。同時，左掌橫掌向左前方撐，高與鼻齊，臂成弧形，掌心向前；右掌掌心外旋翻轉向上，停在左腹前，目視左掌。上動不停，右腳向右前方進一步，左腳跟步。同時右掌向上經左胸、左肩弧形向右運行，至面前掌心翻轉斜向外，停於右前方，高與鼻齊；左掌由左側弧形下落，掌心翻轉向上，停於右腹前，目視右掌前方。（圖 2-213）

【要點】動作要整齊一致。左掌向左前撐出時，腰要塌，頭要頂，身要正。

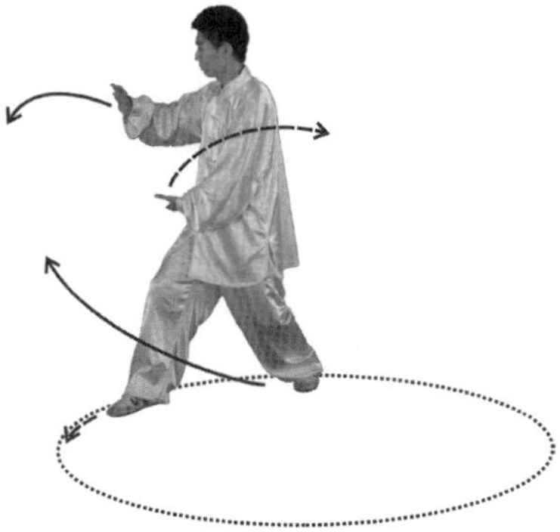

圖 2-213

4. 雞刨食

（1）金雞亮翅蹬腳

右足前進一步，隨即左腿屈膝上提，高於腰部，成右

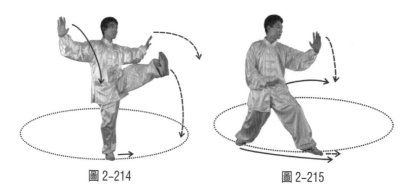

圖 2-214   圖 2-215

獨立提膝勢；同時兩臂由外向內在胸前十字交叉，掌心向
裏，左手在外，右手在內。不停，兩臂內旋使掌心向外，
兩前臂向左右分開，同時左腳用力向前蹬出。（圖 2-214）

左足前落，兩腿屈膝，同時左掌前劈，右掌下按成左
三體式姿勢。（圖 2-215）

【要點】分合抓捋，蹬開合，含縮伸之意。

（2）金雞食米

上動不停，邁左步，緊跟右步，跟右腳成併步的同
時，左手護右腕向前打出右崩拳，肘合中。腰豎直，不可
前栽。全身一個勁向前下方擊打。（圖 2-216）

【要點】提鑽、搬
按、震蹲，要連貫有力乾
脆，要與縮吸合整結合
好。右腳有踩意，箭穿左
步。左手護腕加力，腰豎
直，不可前栽，全身一個
勁向前下方擊打。

圖 2-216

5. 金雞抖翎

接上式，左腳內扣，右腳提起向右側橫撤一步，左足也隨之稍向左方拖拉，足跟向外撐勁，兩腿屈膝半蹲成半馬步，重心偏右，兩膝內扣。同時右臂屈肘向右上方格架，掌心翻轉向外，置於右額角前上方；左掌盡力向左下方撐托，停於左膝上方，掌心斜向下。眼睛先看右掌再轉看左掌。（圖 2-217）

【要點】崩拳扭轉、架托要與全身，特別是肩臂開合一起用力，全身整合，而且動作要乾脆、靈快、穩固。

6. 雞形單展翅

（1）金雞上架

身體右轉，向右側提左膝，右腿起立，膝微屈，兩臂不動。（圖 2-218）

上動不停，左腳原地下落，震腳屈膝下蹲；右腿同時屈膝提起，緊靠在左腿內側，足尖上翹，同時，右肘下沉

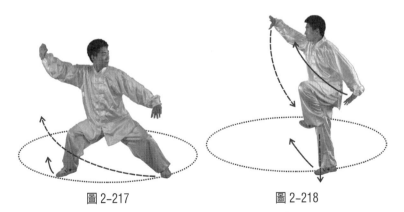

圖 2-217　　　　　　　　圖 2-218

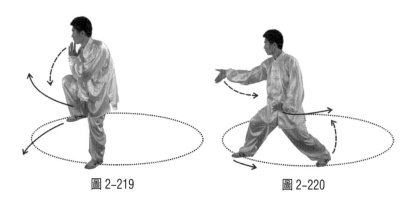

圖 2-219　　　　　　　　圖 2-220

護襠。右掌屈臂經胸前向左下插，掌心向外；左掌自左下方經胸前向右肩上穿護於右肩，掌心向外，停於右臉前，指尖向上。目視右前方。（圖 2-219）

【要點】縮蹲、推插要連貫有力含蹲猴之意，不可有先後之分。兩臂要靠近身體，手指和手腕要挺直，身體要正直。頭向上頂，腰要塌，兩腿緊靠，抬右膝護胸，如魚沉淵底。

（2）金雞報曉

右腳前踩進一步，左腿隨即跟進半步，膝微屈。同時右臂上挑，高於鼻齊，腕部微屈；左掌向後下拉沉壓，落於臍腹前，掌心向下。目視右掌。（圖 2-220）

【要點】出步捋、撩、撥有縮伸之意，右臂上挑時力達前臂，左掌下落時要有採勁、按勁，兩臂均須微屈。

7. 金雞撒膀（左）

右掌從上由胸前屈肘下沉，叉於右腰側，拇指在後，其餘四指在前。左腳同時向後伸出，左腿伸直；右腳尖同

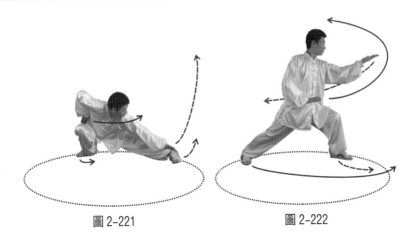

圖 2-221　　　　　　　　圖 2-222

時裏扣，右腿屈膝下蹲。左掌隨之順著左腿反臂伸出，掌心向上。頭隨著左掌向左扭轉，上身前俯，眼看左掌。（圖 2-221）

【要點】頭隨掌穿，要有幅度，縮沉插掌要快捷有力，與頭、眼、身配合得當。

8. 移花接木（左）

左腳尖外展，上身直起，右腿伸直，右腳隨之進半步。左掌臂外旋使掌心向上，由下向上托起，成仰掌，肘微屈。眼看左掌。（圖 2-222）

【要點】臂掌有撩、端、托之意，內含蓄力，掌高與頭平齊。

換掌

（1）青龍轉身（左）

身體左轉，同時右腳上前扣步，兩腳尖相對成倒八字

步。扣右腳的同時右掌臂外旋，由左臂下向上向前穿出，接著內旋掌心向上成托掌，在頭頂上方從右向前、向左、向後畫一小圓；左掌隨之抽回，經腹前掌背貼著左胯繞向背後，屈肘後旋插掌，掌心向外。眼找左手。同時擰至極處，左腳向右腳後倒插一步成錯綜八字步，身體繼續以左腳掌右腳跟為軸左轉。（圖2-223）

【要點】穿插、架轉與身法、步法緊密結合，動作連續不斷。

（2）葉底藏花（左）

身體左轉，同時，以腰胯為旋力，上右腳，腳尖裏扣成倒八字步。同時右掌向下，左掌向上弧形從體側抄抱胸前成抱球狀。（圖2-224）

【要點】是以掌帶動身子而再扣步。動前須欲左而先右。

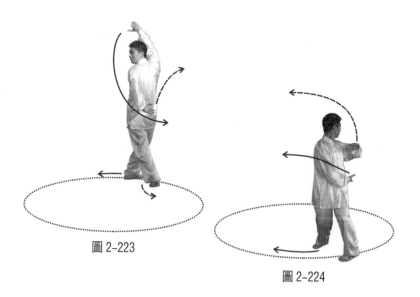

圖2-223　　　　　圖2-224

9. 有鳳來儀（右）

右腳向前邁步，上身右轉。兩掌向右屈肘弧形擺動，右掌食指直對圓圈中心，兩手心相對，左胳膊靠著左耳處，如抱著大圓球相似。眼看右掌。（圖 2-225）

圖 2-225

右腳尖外展，左腳扣步，順時針向右走圈。兩肩往下垂勁，又往外開勁。

【要點】隨走隨變，同時動作。

10. 龍盤鳳舞（右）

左足上前扣步，左、右足尖相對，成倒八字步，同時兩手如同抱球順時針翻轉向下。外擺右腳，同時兩手如同抱球，繼續順時針翻轉向上。（圖 2-226、圖 2-227）

圖 2-226　　　　　　　　圖 2-227

外擺右腳，左足不停向前邁出一步。同時，右掌臂掌心向下，向左腋下插；左掌貼著右臂向右撩，交叉於胸前。（圖 2-228）

【要點】抱球翻轉走大圓。頭和上身儘量後仰，形成立圓，做到連貫、迅速、穩健、柔圓。

圖 2-228

11.鼉形

（1）左鼉形

左腳向左前方進一小步。同時左掌向上經右胸、右肩弧形向左運行，至面前掌心翻轉斜向外，停於左前方，高與鼻齊；右掌由右側弧形下落，掌心翻轉向上，停於左腹前。目視左掌前方。（圖 2-229、圖 2-230）

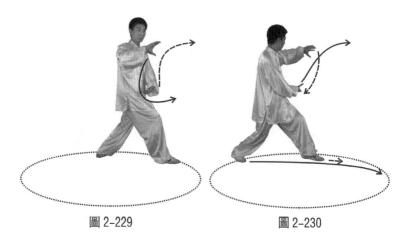

圖 2-229　　　　　圖 2-230

【要點】力從根生，
發勁在腰，向左右穿、
翻、刁、拿、撥，要與全
身整合，力達膀、臂、
手。

（2）右鼉形

右腳隨即跟進，提靠
於左腳內側踝關節處，腳
底與地面平行。同時，左

圖 2-231

掌橫掌向左前方撐，高與鼻齊，臂成弧形，掌心向前；右
掌掌心外旋翻轉向上，停在左腹前，目視左掌。

上動不停，右腳向右前方進一步。同時右掌向上經左
胸、左肩弧形向右運行，至面前掌心翻轉斜向外，停於右
前方，高與鼻齊；左掌由左側弧形下落，掌心翻轉向上，
停於右腹前，目視右掌前方。（圖 2-231）

【要點】力從根生，發勁在腰，向左右穿、翻、刁、
拿、撥，要與全身整合，力達膀、臂、手。

（3）左鼉形

右腳前墊半步，左腳隨即跟進，提靠於右腳內側踝關
節處，腳底與地面平行。同時，右掌橫掌向右前方撐，高
與鼻齊，臂成弧形，掌心向前；左掌掌心外旋翻轉向上，
停在右腹前，目視右掌。

不停，左腳向左前方進一步，右腳跟步。同時左掌向
上經右胸、右肩弧形向左運行，至面前掌心翻轉斜向外，

圖 2-232

停於左前方，高與鼻齊；右掌由右側弧形下落，掌心翻轉向上，停於左腹前，目視左掌前方。（圖 2-232）

【要點】力從根生，發勁在腰，向左右穿、翻、刁、拿、撥，要與全身整合，力達膀、臂、手。

12. 雞刨食

（1）金雞亮翅蹬腳

左足前進一步，隨即右腿屈膝上提，高於腰部，成左獨立提膝勢。同時兩臂由外向內在胸前十字交叉，掌心向裏，右手在外，左手在內。不停，兩臂內旋使掌心向外，兩前臂向左右分開，同時右腳用力向前蹬出。（圖 2-233）

右足前落，兩腿屈膝，同時右掌前劈，左掌下按成右三體式姿勢。（圖 2-234）

【要點】分合抓捋，蹬開合，含縮伸之意。

圖 2-233　　　　　　　　　圖 2-234

（2）金雞食米

上動不停，邁右步，緊
跟左步成併步。同時，右手
護左腕向前打出左崩拳，肘
合中。腰豎直，不可前栽。
全身一個勁向前下方擊打。
（圖 2-235）

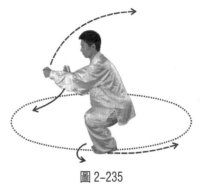

圖 2-235

【要點】提鑽、搬按、
震蹲，要連貫、有力、乾脆，要與縮吸合整結合好。左腳
有踩意，箭穿右步，右手護腕加力。腰豎直，不可前栽，
全身一個勁向前下方擊打。

13.金雞抖翎

接上式，右腳內扣，左腳提起向左側橫撤一步，右足
也隨之稍向右方拖拉，足掌向外撐勁，兩腿屈膝半蹲成半
馬步，重心偏左，兩膝內扣。同時左臂屈肘向左上方格
架，掌心翻轉向外，置於左額角前上方；右掌盡力向右下

圖 2-236

方撐托，停於右膝上方，掌心斜向下，眼睛先看左掌再轉看右掌。（圖 2-236）

【要點】崩拳扭轉、架托要與全身特別是肩臂開合一起用力，全身整合，而且動作要乾脆、靈快、穩固。

14.雞形單展翅

（1）金雞上架

身體左轉，向左側抬右膝，左腿起立，膝微屈，兩臂不動。（圖 2-237）

上動不停，右腳原地下落，震腳屈膝下蹲；左腿同時屈膝提起，緊靠在右腿內側，足尖上翹。同時，左肘下沉護襠，左掌屈臂經胸前向右下插，掌心向外；右掌自右下方經胸前向左肩上穿護於左肩，掌心向外，停於左臉前，指尖向上。目視左前方。（圖 2-238）

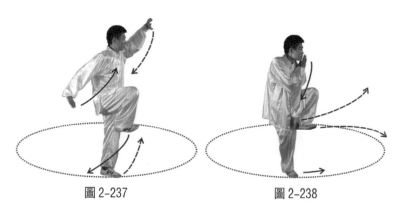

圖 2-237　　　　　　　　圖 2-238

【要點】縮蹲、推插要連貫有力含蹲猴之意，不可有先後之分。兩臂要靠近身體，手指和手腕要挺直，身體要正直，頭向上頂。腰要塌，兩腿緊靠，抬右膝護胸，如魚沉淵底。

（2）金雞報曉

左腳前踩進一步，右腿隨即跟進半步，膝微屈。同時左臂上挑，高於鼻齊，腕部微屈；右掌向後下拉沉壓，落於臍腹前，掌心向下。目視左掌。（圖 2-239）

【要點】出步将、撩、撥有縮伸之意，左臂上挑時力達前臂，右掌下落時要有採勁、按勁，兩臂均須微屈。

15. 金雞撒膀（右）

左掌從上由胸前屈肘下沉，叉於左腰側，拇指在後，其餘四指在前。右腳同時向後伸出，右腿伸直；左腳尖同時裏扣，左腿屈膝下蹲。右掌隨之順著右腿反臂伸出，掌心反向上。頭隨著右掌向右扭轉，上身前俯，眼看右掌。（圖 2-240）

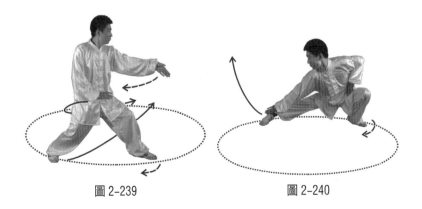

圖 2-239　　　　　　　圖 2-240

【要點】頭隨掌穿，要有幅度，縮沉插掌要快捷有力，與頭、眼、身配合得當。

圖2-241

16.移花接木（右）

右腳尖外展，上身直起，左腿伸直，左腳隨之進半步。右掌臂外旋使掌心向上，由下向上托起，成仰掌，肘微屈。眼看右掌。（圖2-241）

【要點】臂掌有撩、端、托之意，內含蓄力，掌高與頭平齊。

換掌

（1）青龍轉身（右）

身體右轉，同時左腳上前扣步，兩腳尖相對成倒八字步。扣左腳的同時左掌臂外旋，由右臂下向上向前穿出，隨著內旋掌心向上成托掌，在頭頂上方從左向前、向右、向後畫一小圓；右掌隨之抽回，經腹前掌背貼著右胯繞向背後，屈肘後旋插掌，掌心向外。眼找右手。擰至極處，同時右腳向左腳後倒插一步成錯綜八字步，身體繼續以右腳掌左腳跟為軸右轉。（圖2-242）

【要點】穿插、架轉與身法、步法緊密結合，動作連續不斷。

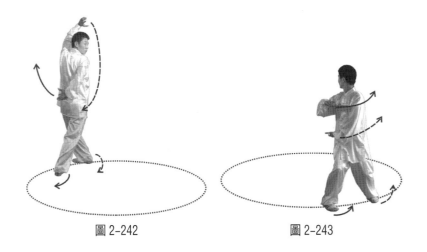

圖 2-242　　　　　　　　圖 2-243

（2）葉底藏花（右）

身體右轉的同時，以腰胯為旋力，上左腳，腳尖裏扣成倒八字步。同時左掌向下，右掌向上弧形從體側抄抱胸前成抱球狀。（圖 2-243）

【要點】是以掌帶動身子而再扣步。動前須欲右而先左。

兌　卦

1. 白猿獻果（左）

兌卦

接上式，左足向前邁出一步，上體隨腰向左擰轉。左臂隨身體擰轉，從右臂下向左畫弧至胸前，與右小臂從肘部至腕部合攏。兩肘極力往一處抱勁，抱至兩肘相併，兩肘又靠著身子，兩手在前，高矮與肩齊，兩手又如托著物一般。兩肩極力往回縮勁，兩手又一氣抱著往前推勁，兩

圖2-244　　　　　　　　圖2-245

足隨走兩手隨抱，腰極力往左邊擰勁。兩眼望著左手食指看去。（圖2-244）

左腳尖外展，右腳扣步，逆時針向左走圈。

【要點】身體蹲縮，兩掌托撐，上身微向內擰轉。

2. 猿猴坐洞（左）

走至左足在前時，前扣上右腳與左足成倒八字步。身體左轉，隨即將左足向左側分開一大步落下，腳尖微裏扣，與右足成左半馬步。同時左手向左下畫弧，右手向右下畫弧，兩臂成半月形外撐分開，腰塌住勁。（圖2-245）

【要點】靜勢不動如山。

3. 鷂子鑽天（右掌式）

右腳向左上一步，右腳尖內扣，身體左後轉180°，左腳回收至右腳踝內側。右掌掌心向下、由右、向上、向左

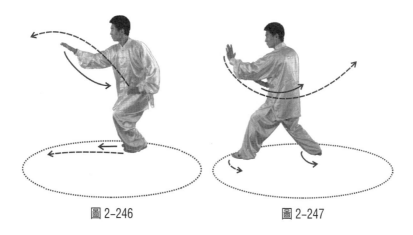

圖 2-246　　　　　　　　　圖 2-247

後弧形插掌，右掌與鼻尖齊，左拳撤於左胯外側。目視右拳。（圖 2-246）

4. 劈拳（左）

上動不停，左腳前踏落實，兩膝微屈，重心落於兩腿之間，略偏後。同時兩掌內旋，使掌心翻轉向下，左掌在上，右掌在下。

左掌經胸前向前劈出，掌指高與肩齊，肘微屈，沉肩垂肘；右掌按落於腹前，拇指根節緊靠在肚臍處。手腕向下塌，目視左手食指。（圖 2-247）

【要點】鑽時要身縮體鬆、柔和順氣，劈時略伸稍緊，呼氣用力，達到快捷、突發、合整、勢穩；要反覆體悟體端、步穩、鬆緊、縮伸、吸呼、剛柔的協調配合。左拳下劈時，要與左腳落地協調一致。邁步時身體不可前探，應保持中正，一是為了讓自己的重心穩固，二是形意勁發尾閭需後坐，把勁送到前臂和前拳。

5. 後退猴形

（1）猿猴轉背（左）

左腳尖外展，身體向左後轉體；右腳前腳掌著地，腳跟提起兩腿屈膝相交成高歇步式。同時兩手抓回成拳，兩臂外旋，兩拳經胸部向前上方擰裹鑽出，拳心向上，左拳高與鼻齊，肘部微屈，右拳停置左肘裏側。目視左拳。（圖 2-248）

（2）猿猴墜枝

右腳弧線向右扣一步，左腳向左後方跨一大步，隨即身體左轉面向前方，兩膝微屈。右拳變掌前伸，左拳變掌下撤，兩手心均向下，右掌高與口齊，左掌停在左腹前。目視右掌。（圖 2-249）

右腳向右後方跨一大步，隨即左掌前伸，右掌下撤，兩手心均向下。左掌高與口齊，右掌停在左腹前。目視左掌。（圖 2-250）

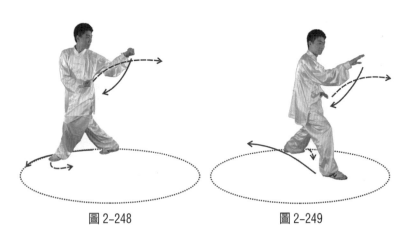

圖 2-248　　　　　　　　圖 2-249

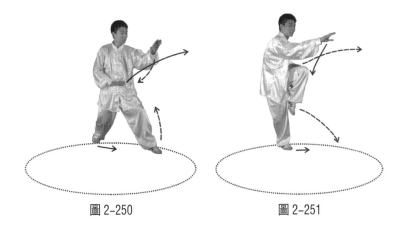

圖 2-250　　　　　　　　　圖 2-251

（3）猿猴掛印

左腳撤回屈膝提起，膝與胯平，腳尖上翹，右腳站穩，腿向下微屈。同時右掌由腹右側向前插伸，掌心向下，高與肩平，左掌隨即收回至腹前，掌心向下。身體稍微前俯，眼看右掌。（圖 2-251）

左腳向前落進一大步，右腳跟進半步。同時左掌經右掌背上面向前插伸，掌心向下，拇指撐開，其餘四指併伸，高與眼平；右掌收回停於腹左側，手心向下。眼看左掌。（圖 2-252）

【要點】兩掌伸縮與提膝動作要同時進行，迅速完整，含胸收腹，鬆肩拔骨，力貫指尖，提胸塌腰，精神貫注。體悟猴的伸縮縱跳，起伏轉折，步

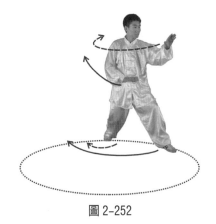

圖 2-252

靈手捷，刁拿勾抓，靈活巧妙，快捷準確。

6.馬形

（1）回身單馬形（右）

左腳尖內扣成倒八字右轉身 180°，右腳隨即跟進，提靠於左腳內側踝關節處，腳底與地面平行。同時，右臂外旋向外畫弧抽回肩前，臂內旋翻轉變拳，左掌撤回按於右大臂內側，兩肘緊靠兩肋，置於肩前。目視右方。（圖 2–253）

右腳向右前方進一步，左腳隨之跟進半步。進步的同時右掌變拳，猛然從肩前向右前下方擰轉衝栽，高與胸齊，拳心向下。目視前方。（圖 2–254）

【要點】拳腕不要下扣，是勁力向前下栽。

（2）回身雙馬形（右）

左後轉身 180°，左腳墊步，右腳隨即跟進，提靠於左腳內側踝關節處，腳底與地面平行。同時，兩臂外旋向外畫弧，兩掌抽回，兩肘緊靠兩肋。猛然兩臂內旋翻轉變

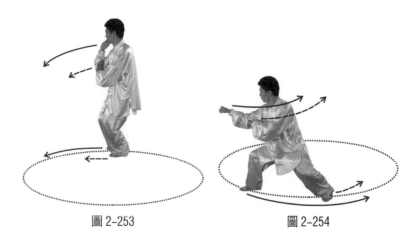

圖 2–253　　　　　　　　圖 2–254

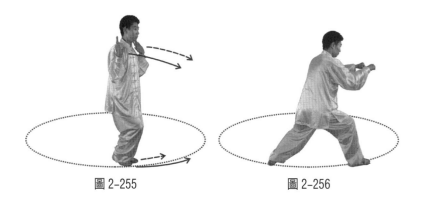

圖 2-255　　　　　　　　　圖 2-256

掌，掌心向下，兩虎口相對，置於肩前。目視右方。（圖
2-255）

　　右腳向右前方進一步，左腳隨之跟進半步。進步的同
時變拳，兩拳猛然從肩前向右前下方擰轉衝栽，高與胸
齊，拳心向前下。目視前方。（圖 2-256）

　　【要點】拳腕不要下扣，是勁力向前下栽。馬形上
步，蹬地引縮、呼氣衝栽，瞬間一氣呵成，快速、突發、
猛烈。

7. 金雞撒膀（左）

　　右拳變掌從上由胸前屈肘下沉，叉於右腰側，拇指在
後，其餘四指在前。左腳同時向後伸出，左腿伸直；右腳
尖同時裏扣，右腿屈膝下蹲。左拳變掌隨之順著左腿反臂
伸出，掌心反向上。頭隨著左掌向左扭轉，上身前俯，眼
看左掌。（圖 2-257）

　　【要點】頭隨掌穿，要有幅度，縮沉插掌要快捷有
力，與頭、眼、身配合得當。

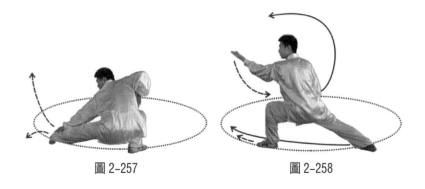

圖 2-257　　　　　　　　　圖 2-258

8. 移花接木（左）

左腳尖外展，上身直起，右腿伸直，右腳隨之進半步。左掌臂外旋使掌心向上，由下向上托起，成仰掌，肘微屈。眼看左掌。（圖 2-258）

【要點】臂掌有撩、端、托之意，內含蓄力，掌高與頭平齊。

換掌

（1）青龍轉身（左）

身體左轉，同時右腳上前扣步，兩腳尖相對成倒八字步。扣右腳的同時右掌臂外旋，由左臂下向上向前穿出，隨著內旋掌心向上成托掌，在頭頂上方從右向前、向左、向後畫一小圓；左掌隨之抽回，經腹前掌背貼著左胯繞向背後，屈肘後旋插掌，掌心向外。眼找左手。擰至極處，同時左腳向右腳後倒插一步成錯綜八字步，身體繼續以左腳掌右腳跟為軸左轉。（圖 2-259）

【要點】穿插、架轉與身法、步法緊密結合，動作連

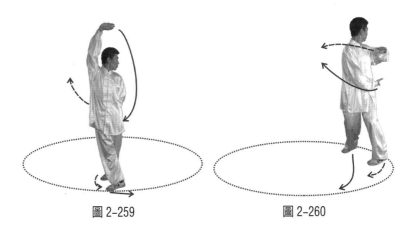

圖 2-259　　　　　　　　　圖 2-260

續不斷。

　（2）葉底藏花（左）

　　身體左轉的同時，以腰胯為旋力，上右腳，腳尖裏扣成倒八字步。同時右掌向下，左掌向上弧形從體側抄抱胸前成抱球狀。（圖 2-260）

　【要點】以掌帶動身子而再扣步。動前須欲左而先右。

9. 白猿獻果（右）

　　右足向前邁出一步，上體隨腰向右擰轉。右臂隨身體擰轉，從左臂下向右畫弧至胸前，與左小臂從肘部至腕部合攏。兩肘極力往一處抱勁，抱至兩肘相併，兩肘又靠著身子，兩手在前，高矮與心齊，兩手又如托著物一般。兩肩極力往回縮勁，兩手又一氣抱著往前推勁。兩足隨走兩手隨抱，腰極力往左邊擰勁。兩眼望著右手食指看去。（圖 2-261）

　　右腳尖外展，左腳扣步，順時針向右走圈。

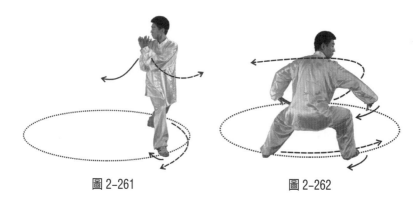

圖 2-261　　　　　　　　　圖 2-262

【要點】身體蹲縮，兩掌托撐，上身微向內擰轉。

10. 猿猴坐洞（右）

走至右足在前時，前扣左腳與右足成倒八字步。身體右轉，隨即將右足向右側分開一大步落下，腳尖微裏扣，與左足成右半馬步。同時右手向右下畫弧，左手向左下畫弧，兩臂成半月形外撐分開，腰塌住勁。（圖 2-262）

【要點】靜勢不動如山。

11. 鷂子鑽天（左掌式）

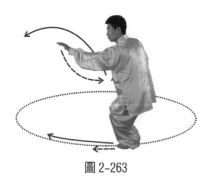

圖 2-263

左腳向右上一步，左腳尖內扣，身體右後轉180°，右腳回收至左腳踝內側。左掌掌心向下，由左向上、向右後弧形插掌，左掌與鼻尖齊，右拳撤於左胯外側。目視左掌。（圖 2-263）

12. 劈拳（右）

上動不停，右腳前踏落實，兩膝微屈，重心落於兩腿之間，略偏後。同時兩掌內旋，使掌心翻轉向下，右掌在上，左掌在下。右掌經胸前向前劈出，掌指高與肩齊，肘微屈，沉肩垂肘；左掌按落於腹前，手腕向下塌。目視右手食指。（圖 2-264）

【要點】鑽時要身縮體鬆、柔和順氣，劈時略伸稍緊，呼氣用力，達到快捷、突發、合整、勢穩；要反覆體悟體端、步穩、鬆緊、縮伸、吸呼、剛柔的協調配合。右拳下劈時，要與右腳落地協調一致。邁步時身體不可前探，應保持中正，一是為了讓自己的重心穩固，二是形意勁發尾閭需後坐，把勁送到前臂和前拳。

圖 2-264

13. 後退猴形

（1）猿猴轉背（右）

接上式，右腳尖外展，身體向右後轉體；左腳前腳掌

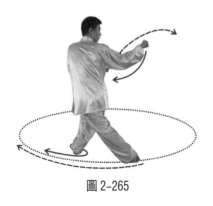

圖 2-265

著地，腳跟提起兩腿屈膝相交成高歇步式。同時兩手抓回成拳，兩臂外旋，兩拳經胸部向前上方擰裹鑽出，拳心向上，右拳高與鼻齊，肘部微屈，左拳停置右肘裏側。目視右拳。（圖 2-265）

（2）猿猴墜枝

左腳弧線向左扣一步，右腳向右後方跨一大步。隨即身體右轉面向前方，兩膝微屈，左拳變掌前伸，右拳變掌下撤，兩手心均向下。左掌高與口齊，右掌停在左腹前。目視左掌。（圖 2-266）

左腳向左後方跨一大步，隨即右掌前伸，左掌下撤，兩手心均向下。右掌高與口齊，左掌停在腹前。目視右掌。（圖 2-267）

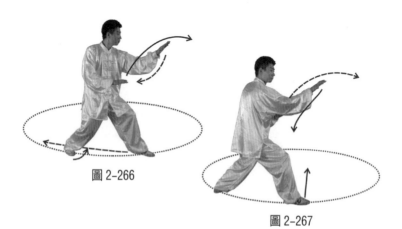

圖 2-266

圖 2-267

（3）猿猴掛印（右）

右腳撤回屈膝提起，膝與胯平，腳尖上翹，左腳站穩，腿向下微屈。同時左掌由腹左側向前插伸，掌心向下，高與肩平；右掌隨即收回至腹前，掌心向下。身體稍微前俯，眼看左掌。（圖 2-268）

右腳向前落進一大步，左腳跟進半步，同時右掌經左掌背上面向前插伸，掌心向下，拇指撐開，其餘四指併伸，高與眼平。左掌收回停於腹側，手心向下。眼看右掌。（圖 2-269）

【要點】兩掌伸縮與提膝動作要同時進行，迅速完整。含胸收腹，鬆肩拔骨，力貫指尖，提胸塌腰，精神貫注。

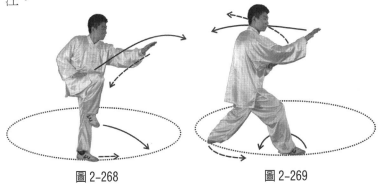

圖 2-268　　　　　　　　圖 2-269

14. 馬形

（1）回身單馬形（左）

右腳尖內扣成倒八字左轉身 180°，左腳隨即跟進，提靠於右腳內側踝關節處，腳底與地面平行。同時，左臂外旋向外畫弧抽回肩前，臂內旋翻轉變拳；右掌撤回按於左

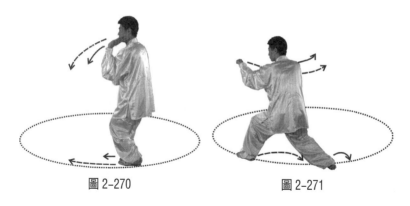

圖 2-270   圖 2-271

大臂內側。兩肘緊靠兩肋，置於肩前。目視左方。（圖 2-270）

　　左腳向左前方進一步，右腳隨之跟進半步。進步的同時左掌變拳，猛然從肩前向左前下方擰轉衝栽，高與胸齊，拳心向前下。目視前方。（圖 2-271）

　　【要點】拳腕不要下扣，是勁力向前下栽。

　　（2）回身雙馬形（左）

　　右轉身 180°，右腳向右上一步，左腳隨即跟進，提靠於右腳內側踝關節處，腳底與地面平行。同時，兩臂外旋向外畫弧，兩掌抽回，兩肘緊靠兩肋。猛然兩臂內旋翻轉變掌，掌心向下，兩虎口相對，置於肩前。目視左方。（圖 2-272）

　　左腳向左前方進一步，右腳隨之跟進半步。進步的同時變拳，兩拳猛然從肩前

圖 2-272

向左前下方擰轉衝栽，高與
胸齊，拳心向前下。目視前
方。（圖 2-273）

【要點】拳腕不要下
扣，是勁力向前下栽。馬形
上步，蹬地引縮、呼氣衝
栽，瞬間一氣呵成，快速、
突發、猛烈。

圖 2-273

15. 金雞撒膀（右）

左拳變掌，從上由胸前屈肘下沉，叉於左腰側，拇指
在後，其餘四指在前。右腳同時向後伸出，右腿伸直；左
腳尖同時裹扣，左腿屈膝下蹲。右拳變掌，隨之順著右腿
反臂伸出，掌心反向上。頭隨著右掌向右扭轉，上身前
俯，眼看右掌。（圖 2-274）

【要點】頭隨掌穿，要有幅度，縮沉插掌要快捷有
力，與頭、眼、身配合得當。

圖 2-274

16.移花接木（右）

右腳尖外展，上身直起，左腿伸直，左腳隨之進半步。右掌臂外旋使掌心向上，由下向上托起，成仰掌，肘微屈。眼看右掌（圖2-275）。

【要點】臂掌有撩、端、托之意，內含蓄力，掌高與頭平齊。

圖2-275

收勢

（1）青龍轉身（右）

身體右轉，同時左腳上前扣步，腳尖內扣成倒八字步。併左腳的同時左掌臂外旋由右臂下向上向前穿出，左掌在頭頂上方從左向前、向右、向後畫一小圓，左臂隨著內旋，掌心向上成托掌；右掌隨之經腹前掌背貼著右胯繞向背後，屈肘後旋插掌，掌心向外。眼找右手。擰至極處，同時右腳向左腳後倒插一步，身體繼續以右腳掌左腳

跟為軸右轉。（圖 2-276）

【要點】穿插架轉與
身法步法緊密結合，動作
連續不斷。

（2）葉底藏花（左）

接前勢，上左腳，腳
尖裏扣，同時左掌從上、
右掌從下弧形從體側抄抱
胸前。（圖 2-277）

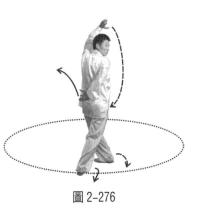

圖 2-276

（3）鴻雁出群（左）

上身左轉，左掌從右肘下面向身體左上方移轉旋托，
與頭平齊；同時右掌臂外旋，隨左掌轉動，置於左肘裏
側，兩掌成仰掌。眼看左掌。兩掌向身體左方轉動的同
時，兩臂內旋，左掌成立掌，右掌屈肘下按於腹前。眼看
左掌。（圖 2-278）

左腳尖外展，右腳上步，逆時針向左走圈。

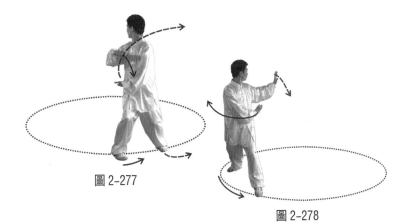

圖 2-277

圖 2-278

（4）合太極

回到原起點、原方向，身體直起，右足向左足併步靠攏，兩掌下垂，收靠兩腿側，成立正姿勢。（圖 2-279、圖 2-280）

圖 2-279

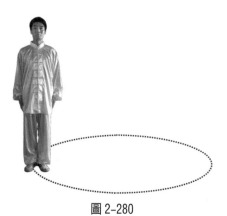

圖 2-280

附　記

賈保壽的武術人生
——介休電視臺《零距離》採訪實錄

　　他，新中國成立後，山西省首批武術專業運動員，國家一級武術裁判，國家武術八段。他，習武六十餘年，桃李滿天下。他，堪稱山西省武術泰斗，全國武術名家，形意拳家、一代宗師。他雖已進入耄耋之年卻仍堅守著自己的武術事業，他的講述將為我們展現一條充滿艱辛與榮耀的武術人生路。本期《零距離》：介休市武術協會主席、武術協會訓練館總教練賈保壽為您訴說他的武術情懷。

主持人：

　　賈老師，您好，歡迎您做客我們的節目。您習武 60 多年了，我們特別想知道，您當初是在什麼情況下選擇練習武術的？

賈保壽：

　　我從小就喜歡武術，就愛運動，愛猴踢撩打，受武俠小說中英雄人物除暴安良、抱打不平的影響。當時因為沒有教練，也沒有老師，模仿戲劇武生的動作自己練習。正式拜師學藝是從 1953 年，跟我姐姐到了太原開始的。有

一天我在街上閒逛，就碰到個賣櫻桃的，買了一毛錢的櫻桃，就蹲在攤子邊，一邊吃櫻桃，一邊和人家聊了起來。他知道我是介休人，便說，他有個徒弟也是介休的，是介休田堡的，在向他學武術呢。我說，我也想學武術，想拜他為師學藝。他說，你晚上到我家。從那個時候開始，武術伴隨我走了一生，以後一直沒有間斷。

主持人：

聽了您的介紹，我們感覺就像武俠小說當中寫的一段傳奇。

賈保壽：

到了 1955 年，太原市組織了一個市裏面的武術表演。當時師父給我報了名，讓我表演，可是到了表演那一天，我師父這裏的好幾個弟子，報了名但沒有到場，我師父很著急，我就跟師父商量，說我頂替他們，上去試一試。徵得師父同意後，臨場演練時，凡是我師父這邊人的項目，我就上去頂替他們。大概練了不同項目的徒手、器械十幾套，而且還練得不錯。從那以後，太原武術界好像就有了賈保壽這個人。

1957 年，山西省武術比賽在太谷縣舉行，我代表太原市參加了比賽，獲得了二等獎。同年我又代表山西省出席了在北京舉行的全國武術表演大賽，獲得了大家的好評。山西省組織武術隊，又挑選上了我，我又去了武術隊。1959 年，代表山西省參加了中華人民共和國第一屆體育運動大會（全運會），被評為山西省優秀運動員。

1959 年參加了在北京舉行的全國青少年武術比賽，

1960 年賈保壽（後排右一）參加全國武術教練培訓班留影

1960 年參加了國家在鄭州舉行的比賽，回來以後，我又選擇了上大學，考入了山西大學體育系，受到了全國十大知名教授陳盛甫老師的指導和培養。畢業後當了一名體育教師。

　　1972 年回到介休，就在張蘭西北里成立了介休縣武術隊，1973 年就參加了地區在昔陽舉行的武術比賽，代表介休拿了團體第二名。從那以後，就一直從事這個事情，用業餘時間一直開展武術，當時有張蘭、義安、朱家堡、洪山、城裏的西關等，大概有四五十所學校都成立了武術隊，後來參加地區和省裏的比賽，一直沒有脫過空。

　　主持人：

　　什麼樣的人，或者說他有什麼樣的體質才適合去練武術呢？

賈保壽：

武術具有悠久的歷史傳統和廣泛的群眾基礎，是中華民族在長期生活與抗爭實踐中逐步積累和豐富起來的一項寶貴的文化遺產。人人都可以學，人人都可以練。你隨意選擇，經常性的鍛鍊，來提高我們的智慧、體能、技能。少年學個長拳，打出來舒展、大方、優美；中年人練練形意拳、八卦掌，出來剛勁有力。

現在跟我學習武術的嘛，大的有六七十歲，小的十來歲。學習武術不分年齡、不分性別，不分體質狀況，不受場地器材的限制，你願意練啥就練啥，刀、劍、槍、棍都可以；有塊場地就能練，大也行，小也行，所以喜愛武術的人就多，群眾基礎就很厚實。武術的內容豐富多彩，有長拳、查拳、華拳、炮拳、形意拳、太極、八卦以及各種兵器，對練、集體演練等。根據自己愛好和實際情況進行選擇，武術是以踢、打、摔、拿、擊、刺等技擊動作為素材，遵照攻守進退、動靜疾徐、剛柔虛實等規律，組成套路和鬥智鬥勇的實戰格鬥，以此來增強體質，培養意志，訓練技能的一種運動項目。只要堅持鍛鍊，你的體能、智慧、技能都會得到很大的改善和提高，一定受益。至於人才的培養，最好是從小抓起，系統訓練，科學訓練，練的人多了自然會培養出更多的人才。

主持人：

賈老師，您練武 60 多年，您應該也吃了不少苦吧？

賈保壽：

我從小就身體不好，體弱多病。吃苦肯定是少不了，

要想在武術上有所發展，有所提高，甚至於有所造就，不付出大量的辛苦就不行，我確實付出了大量的心血。我在武術方面，可以分為三個階段。

第一個階段就是我向張克勤師父開始學習的 5 年。這 5 年間，除早晚到師父那裏學習外，早上提前起床，早晨 4 點，就從家跑步到黑龍潭（現在動物園），大概有三千多公尺，到那裏練 1 個小時後回來。家門口有電線杆，就磕打門口的電線杆，那時年輕，不太懂得，反正聽見人家說要這個功夫，想練點硬功夫，給人家磕閃好幾個燈泡。居委會知道是我幹的，上門找我。問我說，那是你來，我說是，人家說以後不敢了，閃了好幾個泡子了。說咱們外面有個大黑板，這就是居委會的黑板。罰我出了兩次黑板報。後來就不敢再磕了，又去我師父家門口磕去了，後來院鄰知道了，說保壽我們不用鐘了，你來這裏一練，我們就起床上班呀。臥室牆上掛著草紙，半夜睜眼醒來就拿拳頭打，隔壁提意見說，你搗煤糕要早動手做好準備，不要半夜三更的，影響大家休息。

第二個階段就是去了體工隊跟山西大學這一段。在體工隊和上大學那幾年，除正常上課訓練以外，早上提前 1 個小時起床，晚上延後 1 個小時睡覺。利用這段時間到大操場，在 400 公尺跑道上，練習難度動作、主要動作、常用動作，每一動 400 公尺，那個進步大。吃了早餐午飯以後，不宜練習，不符合生理要求，就去健身房，照著玻璃鏡子看動作，看看動作規範不規範，漂亮不漂亮。

第三個階段就是工作以後，仍堅持訓練，只不過時

間、內容和強度、密度、運動量不一樣了，但是一直在練，一直到現在沒有間斷過。活動已成習慣。

60 年的習武生涯，55 年的武術教學工作，賈保壽老人累計培養國內外學員 3000 多人，其中被評為武術五段以上的學員就有 60 多名，為山西師範大學、上海體育大學、蘇州大學等高等院校培養輸送本科生 30 餘人，培養高校武術教授 10 餘人。他所訓練的隊員參加省、地、市全國及國際武術比賽，共獲得了 86 枚金牌，98 枚銀、銅牌。

主持人：

賈老師，我們說一個人一生要做很多的事情，但要把這些事情做好，並不是那麼容易，您自己在鍾愛的武術事業上堅持了 60 多年，是什麼讓您堅持下來的？

賈保壽：

一個是樂趣，我感覺練習武術是個樂趣，吃點苦，把苦變成樂。1958 年我在省隊的時候，外頭冷得厲害，冬天數九寒天，我專門到風口子上練，出來以後，把雪在手上一搓，練得能把手發了火。雖然吃了點苦，感到不要緊，以苦為樂，這確實是我的想法。難度動作等於上坡一樣，我自己感覺到只要你努力，就沒有什麼難事，困難是對於懦夫來說的，不是對於強者來說的，只要你努力，它就不難了，這是第一個。

第二個就是責任，我自己從事了武術職業，而且隨著時間的推移，隨著自己練習的程度、鑽研的程度，逐步對

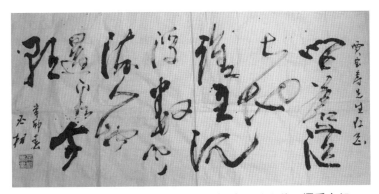

邱丕相教授題字「問蒼茫大地，誰主沉浮，數風流人物，還看今朝」
邱丕相，中國武術九段，中國十大武術教授，著名武術家

武術有了正確的認識。武術是中華民族的瑰寶，它是一種寶貴的遺產，博大精深，它是一種綜合性科學，涉及的東西很多，人體學、物理學、醫學、解剖學等等，特別是辯證法，中國的五行八卦這些東西都貫穿在裏面，研究越深入，越覺得自己不足，越想進取。因為你走上這條路了，你也清楚武術是中國的瑰寶，是個傳統文化，所以必須努力把這個東西傳承下去，繼承發展下去。

主持人：

您覺得武術給您帶來了什麼？給您的整個家庭帶來了什麼？

賈保壽：

武術給我帶來了健康，擴充了知識，促進了交往，結識了許多朋友，增強了生活樂趣，給家庭帶來了人氣、和諧和幸福，武術伴隨我高高興興地走到現在。

武術是我的愛好，一直堅持了 60 多年；訓練是我的樂趣，我不認為付出了什麼，覺得高興，在年輕的時候，

2015 年賈保壽與家人合影

就沒有我沒力氣的時候，時刻有力，精氣十足，什麼時候都是，體工隊 300 多人，吃中午飯的時候，大家端上碗吃飯，說保壽來練一套，我放下碗就過去練，我不講究，我認為觀看的人越多我越高興，收穫越大。我練完，他們放下碗就鼓掌；賽場是我的輝煌，我的輝煌就在賽場，傳承是我的責任。同時也促使我為社會、為中華民族傳統文化的繼承和發展，做出了自己的貢獻，對我的一生起到了積極的主導作用。

主持人：

就介休來看，您個人認為，武術這項運動發展到了一個什麼樣的階段？

賈保壽：

從現階段看，介休練武的人很多。早晚在廣場、體育館、公園等地方，都有許多人在練習。我們武術協會現有

2012 年希臘徒侄來介休求教

400 多名會員，其中部分同好分別在各個訓練點無償地傳授指導。目前武術協會訓練館開辦一年多就有 100 多名學員。就人才而言，大家多年來共同的努力，培養了一批精英。他們為介休取得了榮譽，為介休武術發展做出努力。

武術技術方面，我們的動作標準和全國各地的都可以比較交流，一部分同好的訓練水準可以達到省甚至全國水準。特別是長拳、心意拳和內家拳傳統功法和技法方面，走在省或者全國前列。我的弟子郭雲勝，在內家拳的技法、功法、實戰方面就是我們介休甚至全省乃至全國的代表性人物。儘管這樣我認為兒童青少年練得不多。文武兼備的專業人才也還欠缺，我們還需要努力。去年由弟子們的努力，我們在安泰社區創辦了介休市武術協會訓練館。今年 4 月份又在酒廠對面的金鑫苑社區門面房創辦了武術協會訓練館二部。我在那裏擔任總教練。希望廣大兒童、

青少年及成人前來學習交流，也想利用武術協會訓練館這個平臺，把我自己學到的武術技能傳授給大家，共同發揚光大中華武術，共同為我們介休武術事業努力拼搏。

主持人：

所以我們看到您也是非常急切，經由自己的努力想使更多的人來瞭解武術、學習武術？是這樣嗎？

賈保壽：

是的，我每天都在武術協會訓練館傳授武術，許多外地人和外國人都來學習交流，更歡迎我們介休的兒童青少年及成人武術愛好者前來學習交流。

2004 年中泰散打比賽留影

後　記

　　我一輩子喜愛武術，現在年紀大了，重點工作是在武術協會訓練館，向孩子和大人們傳授些武術。因為武術是國粹，它不但能夠強健身體，延年益壽，祛除疾病，特別還能鍛鍊意志，培養品德。所以我把自己 60 年來，個人的一些理解、體會，抽時間記錄下來，留傳給下一代，使我們的武術發揚光大。

　　本書旨在承繼、傳授，與時俱進，所以摒棄了門戶之見，將所學所悟和盤托出。望讀者珍視，研有所得，「為往聖繼絕學」。

　　本書的編著費盡心力，三易其稿。完書在即，我要感謝的人很多，有直接授藝的恩師，也有間接受教的名家。也要謝謝老師兄弟們的鼓勵和支持，感謝社會各界好友多年來的關心與厚愛！

賈保壽

甲午年記於晉中介休

導引養生功

全系列為彩色圖解附教學光碟

張廣德養生著作　每冊定價350元

輕鬆學武術

太極跤

歡迎至本公司購買書籍

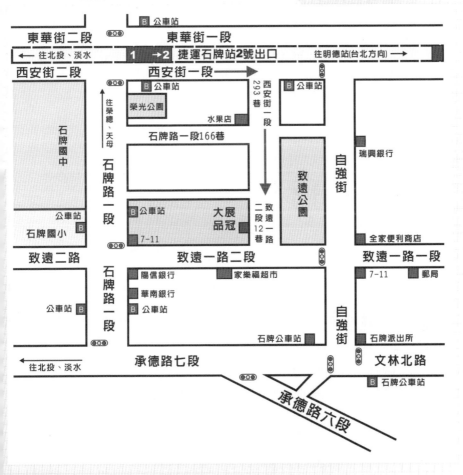

建議路線

1. 搭乘捷運‧公車

　　淡水線石牌站下車，由石牌捷運站2號出口出站(出站後靠右邊)，沿著捷運高架往台北方向走(往明德站方向)，其街名為西安街，約走100公尺(勿超過紅綠燈)，由西安街一段293巷進來(巷口有一公車站牌，站名為自強街口)，本公司位於致遠公園對面。搭公車者請於石牌站(石牌派出所)下車，走進自強街，遇致遠路口左轉，右手邊第一條巷子即為本社位置。

2. 自行開車或騎車

　　由承德路接石牌路，看到陽信銀行右轉，此條即為致遠一路二段，在遇到自強街(紅綠燈)前的巷子(致遠公園)左轉，即可看到本公司招牌。

國家圖書館出版品預行編目資料

形意八卦拳／賈保壽 著 武大偉 整理 ——初版
——臺北市，大展出版社有限公司，2022〔民 111 . 02〕
面；21 公分——（形意‧大成拳系列；13）
ISBN 978－986－346－357－3（平裝；附影音光碟）
1. 拳術 2. 中國
528.972　　　　　　　　　　　　　110020749

形意八卦拳 附光碟

著　　者／賈 保 壽

整　　理／武 大 偉

責任編輯／李 金 莉 苑 博 洋

發 行 人／蔡 森 明

出 版 者／大展出版社有限公司

社　　址／台北市北投區（石牌）致遠一路 2 段 12 巷 1 號

電　　話／（02）28236031‧28236033‧28233123

傳　　真／（02）28272069

郵政劃撥／01669551

網　　址／www.dah-jaan.com.tw

E-mail／service@dah-jaan.com.tw

登 記 證／局版臺業字第 2171 號

承 印 者／傳興印刷有限公司

裝　　訂／佳昇興業有限公司

排 版 者／弘益企業行

授 權 者／北京科學技術出版社

初版1刷／2022 年（民 111）2 月

定　價／350 元